*Das 1. prophetische Buch
aus dem Alten Testament
der Bibel*

Der Prophet Jesaja

*Gottvergessenheit und ihre Folgen
Das Weltgericht
und die Vollendung Gottes Plan
von der Erlösung durch den Messias*

*Übersetzung nach
Martin Luther 1545*

Bibliografische Information der Deutschen Nationalbibliothek:
Die Deutsche Nationalbibliothek verzeichnet diese Publikation
in der Deutschen Nationalbibliografie; detaillierte bibliografische Daten sind im Internet über http://dnb.dnb.de abrufbar.

TWENTYSIX – Der Self-Publishing-Verlag
Eine Kooperation zwischen der Verlagsgruppe Random House
und BoD – Books on Demand

Herstellung und Verlag:
BoD – Books on Demand, Norderstedt

ISBN: 978-3-740-76808-9

Übersetzung nach Martin Luther 1545

Layout, Schriftsatz, Formatierung:
Antonia Katharina Tessnow
www.antonia-katharina.de

Erster Hauptteil:
I.
Offenbarungen, die sich auf die Reiche Israel und Juda beziehen

1. Kapitel

Israels Abfall und Strafe. Aufforderung zur Bekehrung statt bloß äußeren Gottesdienstes. Verheißung und Drohung.

1 Dies ist die Geschichte Jesaja's, des Sohnes des Amoz, welches er sah von Juda und Jerusalem zur Zeit Usias, Jothams, des Ahas und Hiskia, der Könige Juda's.
2 Höret, ihr Himmel! und Erde, nimm zu Ohren! denn der HERR redet: Ich habe Kinder auferzogen und erhöht, und sie sind von mir abgefallen.
3 Ein Ochse kennt seinen Herrn und ein Esel die Krippe seines Herrn; aber Israel kennt's nicht, und mein Volk vernimmt's nicht.
4 O weh des sündigen Volks, des Volks von großer Missetat, des boshaften Samens, der verderbten Kinder, die den HERRN verlassen, den Heiligen in Israel lästern, zurückweichen!

5 Was soll man weiter euch schlagen, so ihr des Abweichens nur desto mehr macht? Das ganze Haupt ist krank, das ganze Herz ist matt.

6 Von der Fußsohle bis aufs Haupt ist nichts Gesundes an ihm, sondern Wunden und Striemen und Eiterbeulen, die nicht geheftet noch verbunden noch mit Öl gelindert sind.

7 Euer Land ist wüst, eure Städte sind mit Feuer verbrannt; Fremde verzehren eure Äcker vor euren Augen, und es ist wüst wie das, so durch Fremde verheert ist.

8 Was noch übrig ist von der Tochter Zion, ist wie ein Häuslein im Weinberge, wie die Nachthütte in den Kürbisgärten, wie eine verheerte Stadt.

9 Wenn uns der HERR Zebaoth nicht ein weniges ließe übrigbleiben, so wären wir wie Sodom und gleich wie Gomorra.

10 Höret des HERRN Wort, ihr Fürsten von Sodom! Nimm zu Ohren unsers Gottes Gesetz, du Volk von Gomorra!

11 Was soll mir die Menge eurer Opfer? spricht der HERR. Ich bin satt der Brandopfer von Widdern und des Fetten von den Gemästeten und habe keine Lust zum Blut der Farren, der Lämmer und Böcke.

12 Wenn ihr hereinkommt, zu erscheinen vor mir, wer fordert solches von euren Händen, daß ihr auf meinen Vorhof tretet?

13 Bringt nicht mehr Speisopfer so vergeblich! das Räuchwerk ist mir ein Gräuel! Neumonde

und Sabbate, da ihr zusammenkommt, Frevel und Festfeier mag ich nicht!

14 Meine Seele ist feind euren Neumonden und Jahrfesten; ich bin ihrer überdrüssig, ich bin's müde zu leiden.

15 Und wenn ihr schon eure Hände ausbreitet, verberge ich doch meine Augen vor euch; und ob ihr schon viel betet, höre ich euch doch nicht; denn eure Hände sind voll Blut.

16 Waschet, reiniget euch, tut euer böses Wesen von meinen Augen, laßt ab vom Bösen;

17 lernet Gutes tun, trachtet nach Recht, helfet dem Unterdrückten, schaffet dem Waisen Recht, führet der Witwe Sache.

18 So kommt denn und laßt uns miteinander rechten, spricht der HERR. Wenn eure Sünde gleich blutrot ist, soll sie doch schneeweiß werden; und wenn sie gleich ist wie Scharlach, soll sie doch wie Wolle werden.

19 Wollt ihr mir gehorchen, so sollt ihr des Landes Gut genießen.

20 Weigert ihr euch aber und seid ungehorsam, so sollt ihr vom Schwert gefressen werden; denn der Mund des HERRN sagt es.

21 Wie geht das zu, daß die fromme Stadt zur Hure geworden ist? Sie war voll Rechts, Gerechtigkeit wohnte darin, nun aber Mörder.

22 Dein Silber ist Schaum geworden und dein Getränk mit Wasser vermischt.

23 Deine Fürsten sind Abtrünnige und Diebsgesellen; sie nehmen alle gern Geschenke

und trachten nach Gaben; dem Waisen schaffen sie nicht Recht, und der Witwe Sache kommt nicht vor sie.

24 Darum spricht der HERR HERR Zebaoth, der Mächtige in Israel: O weh! Ich werde mich trösten an meinen Feinden und mich rächen an meinen Widersachern;

25 und muß meine Hand gegen dich kehren und deinen Schaum aufs lauterste ausfegen und all dein Blei ausscheiden

26 und dir wieder Richter geben, wie zuvor waren, und Ratsherren wie im Anfang. Alsdann wirst du eine Stadt der Gerechtigkeit und eine fromme Stadt heißen.

27 Zion muß durch Recht erlöst werden und ihre Gefangenen durch Gerechtigkeit,

28 daß die Übertreter und Sünder miteinander zerbrochen werden, und die den HERRN verlassen, umkommen.

29 Denn sie müssen zu Schanden werden über den Eichen, daran ihr Lust habt, und schamrot werden über den Gärten, die ihr erwählt,

30 wenn ihr sein werdet wie eine Eiche mit dürren Blättern und wie ein Garten ohne Wasser,

31 wenn der Gewaltige wird sein wie Werg (1) und sein Tun wie ein Funke und beides miteinander angezündet wird, daß niemand lösche.

2. Kapitel

Aus Zion kommt Heil und Friede über alle Völker; zuvor aber ergeht das Gericht über das abgöttische Israel.

1 Dies ist's, das Jesaja, der Sohn des Amoz, sah von Juda und Jerusalem:

2 Es wird zur letzten Zeit der Berg, da des HERRN Haus ist, fest stehen, höher denn alle Berge, und über alle Hügel erhaben werden, und werden alle Heiden dazu laufen

3 und viele Völker hingehen und sagen: Kommt, laßt uns auf den Berg des HERRN gehen, zum Hause des Gottes Jakobs, daß er uns lehre seine Wege und wir wandeln auf seinen Steigen! Denn von Zion wird das Gesetz ausgehen, und des HERRN Wort von Jerusalem.

4 Und er wird richten unter den Heiden und strafen viele Völker. Da werden sie ihre Schwerter zu Pflugscharen und ihre Spieße zu Sicheln machen. Denn es wird kein Volk gegen das andere ein Schwert aufheben, und werden hinfort nicht mehr kriegen lernen.

5 Kommt nun, ihr vom Hause Jakob, laßt uns wandeln im Lichte des HERRN!

6 Aber du hast dein Volk, das Haus Jakob, lassen fahren; denn sie treibens mehr als die gegen den Aufgang und sind Tagewähler wie die Philister und hängen sich an die Kinder der Fremden.

7 Ihr Land ist voll Silber und Gold, und ihrer Schätze ist kein Ende; ihr Land ist voll Rosse, und ihrer Wagen ist kein Ende.

8 Auch ist ihr Land voll Götzen; sie beten an ihrer Hände Werk, das ihre Finger gemacht haben.

9 Da bückt sich der Pöbel, da demütigen sich die Herren. Das wirst du ihnen nicht vergeben.

10 Gehe in den Felsen und verbirg dich in der Erde vor der Furcht des HERRN und vor seiner herrlichen Majestät.

11 Denn alle hohen Augen werden erniedrigt werden, und die hohe Männer sind, werden sich bücken müssen; der HERR aber wird allein hoch sein zu der Zeit.

12 Denn der Tag des HERRN Zebaoth wird gehen über alles Hoffärtige und Hohe und über alles Erhabene, daß es erniedrigt werde;

13 auch über alle hohen und erhabenen Zedern auf dem Libanon und über alle Eichen in Basan;

14 über alle hohen Berge und über alle erhabenen Hügel;

15 über alle hohen Türme und über alle festen Mauern;

16 über alle Schiffe im Meer und über alle köstliche Arbeit:

17 daß sich bücken muß alle Höhe der Menschen und sich demütigen müssen, die hohe Männer sind, und der HERR allein hoch sei zu der Zeit.

18 Und mit den Götzen wird's ganz aus sein.

19 Da wird man in der Felsen Höhlen gehen und in der Erde Klüfte vor der Furcht des HERRN und vor seiner herrlichen Majestät, wenn er sich aufmachen wird, zu schrecken die Erde.

20 Zu der Zeit wird jedermann wegwerfen seine silbernen und goldenen Götzen, die er sich hat machen lassen, anzubeten, in die Löcher der Maulwürfe und der Fledermäuse,

21 auf daß er möge in die Steinritzen und Felsklüfte kriechen vor der Furcht des HERRN und vor seiner herrlichen Majestät, wenn er sich aufmachen wird, zu schrecken die Erde.

22 So lasset nun ab von dem Menschen, der Odem in der Nase hat; denn für was ist er zu achten?

3. Kapitel

*Gericht über die Sünden des Volkes,
besonders über die Eitelkeit der Weiber.*

1 Denn siehe, der HERR HERR Zebaoth wird Jerusalem und Juda nehmen allerlei Vorrat, allen Vorrat des Brots und allen Vorrat des Wassers,

2 Starke und Kriegsleute, Richter, Propheten, Wahrsager und Älteste,

3 Hauptleute über fünfzig und vornehme Leute, Räte und weise Werkleute und kluge Redner.

4 Und ich will ihnen Jünglinge zu Fürsten geben, und Kindische sollen über sie herrschen.

5 Und das Volk wird Schinderei treiben, einer an dem andern und ein jeglicher an seinem Nächsten; und der Jüngere wird stolz sein gegen den Alten und der geringe Mann wider den geehrten.

6 Dann wird einer seinen Bruder aus seines Vaters Haus ergreifen: Du hast Kleider; sei unser Fürst, hilf du diesem Einsturz!

7 Er aber wird zu der Zeit schwören und sagen: Ich bin kein Arzt; es ist weder Brot noch Kleid in meinem Hause; setzt mich nicht zum Fürsten im Volk!

8 Denn Jerusalem fällt dahin, und Juda liegt da, weil ihre Zunge und ihr Tun gegen den HERRN ist, daß sie den Augen seiner Majestät widerstreben.

9 Ihres Wesens haben sie kein Hehl und rühmen ihre Sünde wie die zu Sodom und verbergen sie nicht. Weh ihrer Seele! denn damit bringen sie sich selbst in alles Unglück.

10 Predigt von den Gerechten, daß sie es gut haben; denn sie werden die Frucht ihrer Werke essen.

11 Weh aber den Gottlosen! denn sie haben es übel, und es wird ihnen vergolten werden, wie sie es verdienen.

12 Kinder sind Gebieter meines Volkes, und Weiber herrschen über sie. Mein Volk, deine Leiter verführen dich und zerstören den Weg, da du gehen sollst.

13 Aber der HERR steht da, zu rechten, und ist aufgetreten, die Völker zu richten.

14 Und der HERR geht ins Gericht mit den Ältesten seines Volkes und mit seinen Fürsten: Denn ihr habt den Weinberg verderbt, und der Raub von den Armen ist in eurem Hause.

15 Warum zertretet ihr mein Volk und zerschlaget die Person der Elenden? spricht der HERR HERR Zebaoth.

16 Und der HERR spricht: Darum, daß die Töchter Zions stolz sind und gehen mit aufgerichtetem Halse, mit geschminkten Angesichtern, treten einher und schwänzen und haben köstliche Schuhe an ihren Füßen,

17 so wird der HERR den Scheitel der Töchter Zions kahl machen, und der HERR wird ihr Geschmeide wegnehmen.

18 Zu der Zeit wird der HERR den Schmuck an den köstlichen Schuhen wegnehmen und die Heftel, die Spangen,

19 die Kettlein, die Armspangen, die Hauben,

20 die Flitter, die Gebräme, die Schnürlein, die Bisamäpfel, die Ohrenspangen,

21 die Ringe, die Haarbänder,

22 die Feierkleider, die Mäntel, die Schleier, die Beutel,

23 die Spiegel, die Koller, die Borten, die Überwürfe;

24 und es wird Gestank für guten Geruch sein, und ein Strick für einen Gürtel, und eine Glatze für krauses Haar, und für einen weiten Mantel

ein enger Sack; solches alles anstatt deiner Schöne.

25 Die Mannschaft wird durchs Schwert fallen und deine Krieger im Streit.

26 Und ihre Tore werden trauern und klagen, und sie wird jämmerlich sitzen auf der Erde

4. Kapitel

Vom messianischen Heil.

1 daß sieben Weiber werden zu der Zeit einen Mann ergreifen und sprechen: Wir wollen uns selbst nähren und kleiden; laß uns nur nach deinem Namen heißen, daß unsre Schmach von uns genommen werde.

2 In der Zeit wird des HERRN Zweig lieb und wert sein und die Frucht der Erde herrlich und schön bei denen, die erhalten werden in Israel.

3 Und wer da wird übrig sein zu Zion und übrigbleiben zu Jerusalem, der wird heilig heißen, ein jeglicher, der geschrieben ist unter die Lebendigen zu Jerusalem.

4 Dann wird der HERR den Unflat der Töchter Zions waschen und die Blutschulden Jerusalems vertreiben von ihr durch den Geist, der richten und ein Feuer anzünden wird.

5 Und der HERR wird schaffen über alle Wohnungen des Berges Zion, und wo man versammelt ist, Wolke und Rauch des Tages,

und Feuerglanz, der da brenne, des Nachts. Denn es wird ein Schirm sein über alles, was herrlich ist,

6 und wird eine Hütte sein zum Schatten des Tages vor der Hitze und eine Zuflucht und Verbergung vor dem Wetter und Regen.

5. Kapitel

Gleichnis von dem unfruchtbaren Weinberg des Herrn. Drohung göttlicher Gerichte, besonders eines feindlichen Einfalls.

1 Wohlan, ich will meinem Lieben singen, ein Lied meines Geliebten von seinem Weinberge: Mein Lieber hat einen Weinberg an einem fetten Ort.

2 Und er hat ihn verzäunt und mit Steinhaufen verwahrt und edle Reben darin gesenkt. Er baute auch einen Turm darin und grub eine Kelter darein und wartete, daß er Trauben brächte; aber er brachte Herlinge.

3 Nun richtet, ihr Bürger zu Jerusalem und ihr Männer Juda's, zwischen mir und meinem Weinberge.

4 Was sollte man doch noch mehr tun an meinem Weinberge, das ich nicht getan habe an ihm? Warum hat er denn Herlinge gebracht, da ich erwartete, daß er Trauben brächte?

5 Wohlan, ich will euch zeigen, was ich meinem

Weinberge tun will. Seine Wand soll weggenommen werden, daß er verwüstet werde; sein Zaun soll zerrissen werden, daß er zertreten werde.

6 Ich will ihn wüst liegen lassen, daß er nicht beschnitten noch gehackt werde, sondern Disteln und Dornen darauf wachsen, und will den Wolken gebieten, daß sie nicht darauf regnen.

7 Des HERRN Zebaoth Weinberg aber ist das Haus Israel, und die Männer Juda's seine Pflanzung, daran er Lust hatte. Er wartete auf Recht, siehe, so ist's Schinderei, auf Gerechtigkeit, siehe, so ist's Klage.

8 Weh denen, die ein Haus an das andere ziehen und einen Acker zum andern bringen, bis daß kein Raum mehr da sei, daß sie allein das Land besitzen!

9 Es ist in meinen Ohren das Wort des HERRN Zebaoth: Was gilt's, wo nicht die vielen Häuser sollen wüst werden und die großen und feinen öde stehen?

10 Denn zehn Acker Weinberg soll nur einen Eimer geben und ein Malter Samen soll nur einen Scheffel geben.

11 Weh denen, die des Morgens früh auf sind, des Saufens sich zu fleißigen, und sitzen bis in die Nacht, daß sie der Wein erhitzt,

12 und haben Harfen, Psalter, Pauken, Pfeifen und Wein in ihrem Wohlleben und sehen nicht

auf das Werk des HERRN und schauen nicht auf das Geschäft seiner Hände!

13 Darum wird mein Volk müssen weggeführt werden unversehens, und werden seine Herrlichen Hunger leiden und sein Pöbel Durst leiden.

14 Daher hat die Hölle den Schlund weit aufgesperrt und den Rachen aufgetan ohne Maß, daß hinunterfahren beide, ihre Herrlichen und der Pöbel, ihre Reichen und Fröhlichen;

15 daß jedermann sich bücken müsse und jedermann gedemütigt werde und die Augen der Hoffärtigen gedemütigt werden,

16 aber der HERR Zebaoth erhöht werde im Recht und Gott, der Heilige, geheiligt werde in Gerechtigkeit.

17 Da werden die Lämmer sich weiden an jener Statt, und Fremdlinge werden sich nähren in den Wüstungen der Fetten.

18 Weh denen, die am Unrecht ziehen mit Stricken der Lüge und an der Sünde mit Wagenseilen

19 und sprechen: Laß eilend und bald kommen sein Werk, daß wir's sehen; laß herfahren und kommen den Anschlag des Heiligen in Israel, daß wir's innewerden.

20 Weh denen, die Böses gut und Gutes böse heißen, die aus Finsternis Licht und aus Licht Finsternis machen, die aus sauer süß und aus süß sauer machen!

21 Weh denen, die bei sich selbst weise sind und halten sich selbst für klug!

22 Weh denen, die Helden sind, Wein zu saufen, und Krieger in Völlerei;

23 die den Gottlosen gerechtsprechen um Geschenke willen und das Recht der Gerechten von ihnen wenden!

24 Darum, wie des Feuers Flamme Stroh verzehrt und die Lohe (2) Stoppeln hinnimmt, also wird ihre Wurzel verfaulen und ihre Blüte auffliegen wie Staub. Denn sie verachten das Gesetz des HERRN Zebaoth und lästern die Rede des Heiligen in Israel.

25 Darum ist der Zorn des HERRN ergrimmt über sein Volk, und er reckt seine Hand über sie und schlägt sie, daß die Berge beben und ihre Leichname wie Kot auf den Gassen sind. Und in dem allen läßt sein Zorn nicht ab, sondern seine Hand ist noch ausgereckt.

26 Denn er wird ein Panier aufwerfen fern unter den Heiden und dieselben locken vom Ende der Erde. Und siehe, eilend und schnell kommen sie daher,

27 und ist keiner unter ihnen müde oder schwach, keiner schlummert noch schläft; keinem geht der Gürtel auf von seinen Lenden, und keinem zerreißt ein Schuhriemen.

28 Ihre Pfeile sind scharf und alle ihre Bogen gespannt. Ihrer Rosse Hufe sind wie Felsen geachtet und ihre Wagenräder wie ein Sturmwind.

29 Ihr Brüllen ist wie das der Löwen, und sie brüllen wie junge Löwen; sie werden daherbrausen und den Raub erhaschen und davonbringen, daß niemand retten wird,

30 und werden über sie brausen zu der Zeit wie das Meer. Wenn man dann das Land ansehen wird, siehe, so ist's finster vor Angst, und das Licht scheint nicht mehr oben über ihnen.

6. Kapitel

Jesaja's Gesicht der Herrlichkeit des Herrn und Berufung zum Prophetenamt.

1 Des Jahres, da der König Usia starb, sah ich den HERRN sitzen auf einem hohen und erhabenen Stuhl, und sein Saum füllte den Tempel.

2 Seraphim standen über ihm; ein jeglicher hatte sechs Flügel: mit zweien deckten sie ihr Antlitz, mit zweien deckten sie ihre Füße, und mit zweien flogen sie.

3 Und einer rief zum andern und sprach: Heilig, heilig, heilig ist der HERR Zebaoth; alle Lande sind seiner Ehre voll!

4 daß die Überschwellen bebten von der Stimme ihres Rufens, und das Haus ward voll Rauch.

5 Da sprach ich: Weh mir, ich vergehe! denn ich bin unreiner Lippen und wohne unter einem

Volk von unreinen Lippen; denn ich habe den König, den HERRN Zebaoth, gesehen mit meinen Augen.

6 Da flog der Seraphim einer zu mir und hatte eine glühende Kohle in der Hand, die er mit der Zange vom Altar nahm,

7 und rührte meinen Mund an und sprach: Siehe, hiermit sind deine Lippen gerührt, daß deine Missetat von dir genommen werde und deine Sünde versöhnt sei.

8 Und ich hörte die Stimme des HERRN, daß er sprach: Wen soll ich senden? Wer will unser Bote sein? Ich aber sprach: Hier bin ich; sende mich!

9 Und er sprach: Gehe hin und sprich zu diesem Volk: Höret, und verstehet's nicht; sehet, und merket's nicht!

10 Verstocke das Herz dieses Volkes und laß ihre Ohren hart sein und blende ihre Augen, daß sie nicht sehen mit ihren Augen noch hören mit ihren Ohren noch verstehen mit ihrem Herzen und sich bekehren und genesen.

11 Ich aber sprach: HERR, wie lange? Er sprach: Bis daß die Städte wüst werden ohne Einwohner und die Häuser ohne Leute und das Feld ganz wüst liege.

12 Denn der HERR wird die Leute fern wegtun, daß das Land sehr verlassen wird.

13 Und ob der zehnte Teil darin bleibt, so wird es abermals verheert werden, doch wie eine Eiche und Linde, von welchen beim Fällen noch

ein Stamm bleibt. Ein heiliger Same wird solcher Stamm sein.

7. Kapitel

Jerusalems Not durch Syrer und Israeliten.
Trostreiche Verheißung des Immanuel.
Strafgericht durch die Assyrer.

1 Es begab sich zur Zeit Ahas, des Sohnes Jothams, des Sohnes Usias, des Königs in Juda, zog herauf Rezin der König von Syrien, und Pekah, der Sohn Remaljas, der König Israels, gen Jerusalem, gegen dasselbe zu streiten, konnten es aber nicht gewinnen.
2 Da ward dem Hause David angesagt: Die Syrer haben sich gelagert in Ephraim. Da bebte ihm das Herz und das Herz seines Volkes, wie die Bäume im Walde beben vom Winde.
3 Aber der HERR sprach zu Jesaja: Gehe hinaus, Ahas entgegen, du und dein Sohn Sear-Jasub, an das Ende der Wasserleitung des oberen Teiches, am Wege beim Acker des Walkmüllers,
4 und sprich zu ihm: Hüte dich und sei still; fürchte dich nicht, und dein Herz sei unverzagt vor diesen zwei rauchenden Löschbränden, vor dem Zorn Rezins und der Syrer und des Sohnes Remaljas,

5 daß die Syrer wider dich einen bösen Ratschlag gemacht haben samt Ephraim und dem Sohn Remaljas und sagen:

6 Wir wollen hinauf nach Juda und es erschrecken und hineinbrechen und zum König darin machen den Sohn Tabeels.

7 Denn also spricht der HERR HERR: Es soll nicht bestehen noch also gehen;

8 sondern wie Damaskus das Haupt ist in Syrien, so soll Rezin das Haupt zu Damaskus sein. Und über fünfundsechzig Jahre soll es mit Ephraim aus sein, daß sie nicht mehr ein Volk seien.

9 Und wie Samaria das Haupt ist in Ephraim, so soll der Sohn Remaljas das Haupt zu Samaria sein. Gläubt ihr nicht, so bleibt ihr nicht.

10 Und der HERR redete abermals zu Ahas und sprach:

11 Fordere dir ein Zeichen vom HERRN, deinem Gott, es sei unten in der Hölle oder droben in der Höhe!

12 Aber Ahas sprach: Ich will's nicht fordern, daß ich den HERRN nicht versuche.

13 Da sprach er: Wohlan, so höret, ihr vom Hause David: Ist's euch zu wenig, daß ihr die Leute beleidigt, ihr müßt auch meinen Gott beleidigen?

14 Darum, so wird euch der HERR selbst ein Zeichen geben: Siehe, eine Jungfrau ist schwanger und wird einen Sohn gebären, den wird sie heißen Immanuel.

15 Butter und Honig wird er essen, wann er weiß, Böses zu verwerfen und Gutes zu erwählen.

16 Denn ehe der Knabe lernt Böses verwerfen und Gutes erwählen, wird das Land verödet sein, vor dessen zwei Königen dir graut.

17 Aber der HERR wird über dich, über dein Volk und über deines Vaters Haus Tage kommen lassen, die nicht gekommen sind, seit der Zeit, da Ephraim von Juda geschieden ist, durch den König von Assyrien.

18 Denn zu der Zeit wird der HERR zischen der Fliege am Ende der Wasser in Ägypten und der Biene im Lande Assur,

19 daß sie kommen und alle sich legen an die trockenen Bäche und in die Steinklüfte und in alle Hecken und in alle Büsche.

20 Zu derselben Zeit wird der HERR das Haupt und die Haare an den Füßen abscheren und den Bart abnehmen durch ein gemietetes Schermesser, nämlich durch die, so jenseit des Stromes sind, durch den König von Assyrien.

21 Zu derselben Zeit wird ein Mann eine junge Kuh und zwei Schafe ziehen

22 und wird so viel zu melken haben, daß er Butter essen wird; denn Butter und Honig wird essen, wer übrig im Lande bleiben wird.

23 Denn es wird jetzt zu der Zeit geschehen, daß wo jetzt tausend Weinstöcke stehen, tausend Silberlinge wert, da werden Dornen und Hecken sein,

24 daß man mit Pfeilen und Bogen dahingehen muß. Denn im ganzen Lande werden Dornen und Hecken sein,

25 daß man auch zu allen den Bergen, die man mit Hauen pflegt umzuhacken, nicht kann kommen vor Scheu der Dornen und Hecken; sondern man wird Ochsen daselbst gehen und Schafe darauf treten lassen.

8. Kapitel

Trost der Gläubigen in schlimmer Zeit.
Mahnung zum Glauben an den lebendigen Gott.

1 Und der HERR sprach zu mir: Nimm vor dich eine große Tafel und schreib darauf mit Menschengriffel: Raubebald, Eilebeute!

2 Und ich nahm mir zwei treue Zeugen, den Priester Uria und Sacharja, den Sohn des Jeberechjas.

3 Und ich ging zu der Prophetin; die ward schwanger und gebar einen Sohn. Und der HERR sprach zu mir: Nenne ihn Raubebald, Eilebeute!

4 Denn ehe der Knabe rufen kann: "Lieber Vater! liebe Mutter!", soll die Macht aus Damaskus und die Ausbeute Samarias weggenommen werden durch den König von Assyrien.

5 Und der HERR redete weiter mit mir und sprach:

6 Weil dieses Volk verachtet das Wasser zu Siloah, das stille geht, und tröstet sich des Rezin und des Sohnes Remaljas,

7 siehe, so wird der HERR über sie kommen lassen starke und viele Wasser des Stromes, nämlich den König von Assyrien und alle seine Herrlichkeit, daß sie über alle ihre Bäche fahren und über alle Ufer gehen,

8 und werden einreißen in Juda und schwemmen und überher laufen, bis daß sie an den Hals reichen, und werden ihre Flügel ausbreiten, daß sie dein Land, o Immanuel, füllen, soweit es ist.

9 Seid böse, ihr Völker, und gebt doch die Flucht! Höret's alle, die ihr in fernen Landen seid! Rüstet euch, und gebt doch die Flucht; rüstet euch und gebt doch die Flucht!

10 Beschließt einen Rat, und es werde nichts daraus; beredet euch, und es bestehe nicht; denn hier ist Immanuel.

11 Denn so sprach der HERR zu mir, da seine Hand über mich kam und unterwies mich, daß ich nicht sollte wandeln auf dem Wege dieses Volkes, und sprach:

12 Ihr sollt nicht sagen: Bund. Dies Volk redet von nichts denn vom Bund. Fürchtet ihr euch nicht also, wie sie tun, und lasset euch nicht grauen;

13 sondern heiliget den HERRN Zebaoth. Den lasset eure Furcht und Schrecken sein,

14 so wird er ein Heiligtum sein, aber ein Stein des Anstoßes und ein Fels des Ärgernisses den beiden Häusern Israel, zum Strick und Fall den Bürgern zu Jerusalem,

15 daß ihrer viele sich daran stoßen, fallen, zerbrechen, verstrickt und gefangen werden.

16 Binde zu das Zeugnis, versiegle das Gesetz meinen Jüngern.

17 Denn ich hoffe auf den HERRN, der sein Antlitz verborgen hat vor dem Hause Jakob; ich aber harre sein.

18 Siehe, hier bin ich und die Kinder, die mir der HERR gegeben hat zum Zeichen und Wunder in Israel vom HERRN Zebaoth, der auf dem Berge Zion wohnt.

19 Wenn sie aber zu euch sagen: Ihr müßt die Wahrsager und Zeichendeuter fragen, die da flüstern und murmeln so sprecht: Soll nicht ein Volk seinen Gott fragen, oder soll man die Toten für die Lebendigen fragen?

20 Ja, nach dem Gesetz und Zeugnis! Werden sie das nicht sagen, so werden sie die Morgenröte nicht haben,

21 sondern werden im Lande umhergehen, hart geschlagen und hungrig. Wenn sie aber Hunger leiden, werden sie zürnen und fluchen ihrem König und ihrem Gott

22 und werden über sich gaffen und unter sich die Erde ansehen und nichts finden als Trübsal und Finsternis; denn sie sind im Dunkel der Angst und gehen irre im Finstern.

9. Kapitel

*Des Messias Geburt, Name und Reich,
Gericht über Israel.*

1 Doch es wird nicht dunkel bleiben über denen, die in Angst sind. Hat er zur vorigen Zeit gering gemacht das Land Sebulon und das Land Naphthali, so wird er es hernach zu Ehren bringen, den Weg am Meere, das Land jenseit des Jordans, der Heiden Galiläa.

2 Das Volk das im Finstern wandelt, sieht ein großes Licht; und über die da wohnen im finstern Lande, scheint es hell.

3 Du machst des Volkes viel; du machst groß seine Freude. Vor dir wird man sich freuen, wie man sich freut in der Ernte, wie man fröhlich ist, wenn man Beute austeilt.

4 Denn du hast das Joch ihrer Last und die Rute ihrer Schulter und den Stecken ihres Treibers zerbrochen wie zur Zeit Midians.

5 Denn alle Rüstung derer, die sich mit Ungestüm rüsten, und die blutigen Kleider, werden verbrannt und mit Feuer verzehrt werden.

6 Denn uns ist ein Kind geboren, ein Sohn ist uns gegeben, und die Herrschaft ist auf seiner Schulter; er heißt Wunderbar, Rat, Held, Ewig-Vater, Friedefürst;

7 auf daß seine Herrschaft groß werde und des Friedens kein Ende auf dem Stuhl Davids und in

seinem Königreich, daß er's zurichte und stärke mit Gericht und Gerechtigkeit von nun an bis in Ewigkeit. Solches wird tun der Eifer des HERRN Zebaoth.

8 Der HERR hat sein Wort gesandt in Jakob, und es ist in Israel gefallen,

9 daß alles Volk es innewerde, Ephraim und die Bürger zu Samaria, die da sagen in Hochmut und stolzem Sinn:

10 Ziegelsteine sind gefallen, aber wir wollen's mit Werkstücken wieder bauen; man hat Maulbeerbäume abgehauen, so wollen wir Zedern an die Stelle setzen.

11 Denn der HERR wird Rezins Kriegsvolk wider sie erhöhen und ihre Feinde zuhauf ausrotten:

12 die Syrer vorneher und die Philister hintenzu, daß sie Israel fressen mit vollem Maul. In dem allem läßt sein Zorn noch nicht ab; seine Hand ist noch ausgereckt.

13 So kehrt sich das Volk auch nicht zu dem, der es schlägt, und fragen nicht nach dem HERRN Zebaoth.

14 Darum wird der HERR abhauen von Israel beide, Kopf und Schwanz, beide, Ast und Stumpf, auf einen Tag.

15 Die alten und vornehmen Leute sind der Kopf; die Propheten aber, so falsch lehren, sind der Schwanz.

16 Denn die Leiter dieses Volks sind Verführer; und die sich leiten lassen, sind verloren.

17 Darum kann sich der HERR über die junge Mannschaft nicht freuen noch ihrer Waisen und Witwen erbarmen; denn sie sind allzumal Heuchler und böse, und aller Mund redet Torheit. In dem allem läßt sein Zorn noch nicht ab; seine Hand ist noch ausgereckt.

18 Denn das gottlose Wesen ist angezündet wie Feuer und verzehrt Dornen und Hecken und brennt wie im dicken Wald und gibt hohen Rauch.

19 Im Zorn des HERRN Zebaoth ist das Land verfinstert, daß das Volk ist wie Speise des Feuers; keiner schont des andern.

20 Rauben sie zur Rechten, so leiden sie Hunger; essen sie zur Linken, so werden sie nicht satt. Ein jeglicher frißt das Fleisch seines Arms:

21 Manasse den Ephraim, Ephraim den Manasse, und sie beide miteinander wider Juda. In dem allem läßt sein Zorn noch nicht ab, seine Hand ist noch ausgereckt.

10. Kapitel

Strafe der ungerechten Richter. Assurs Übermut und Demütigung. Bekehrung der Übrigen in Israel.

1 Weh den Schriftgelehrten, die ungerechte Gesetze machen und die unrechtes Urteil schreiben,

2 auf daß sie die Sache der Armen beugen und Gewalt üben am Recht der Elenden unter meinem Volk, daß die Witwen ihr Raub und die Waisen ihre Beute sein müssen!

3 Was wollt ihr tun am Tage der Heimsuchung und des Unglücks, das von fern kommt? Zu wem wollt ihr fliehen um Hilfe? Und wo wollt ihr eure Ehre lassen,

4 daß sie nicht unter die Gefangenen gebeugt werde und unter die Erschlagenen falle? In dem allem läßt sein Zorn nicht ab, seine Hand ist noch ausgereckt.

5 O weh Assur, der meines Zornes Rute und in dessen Hand meines Grimmes Stecken ist!

6 Ich will ihn senden gegen ein Heuchelvolk und ihm Befehl tun gegen das Volk meines Zorns, daß er's beraube und austeile und zertrete es wie Kot auf der Gasse,

7 wiewohl er's nicht so meint und sein Herz nicht so denkt; sondern sein Herz steht, zu vertilgen und auszurotten nicht wenig Völker.

8 Denn er spricht: Sind meine Fürsten nicht allzumal Könige?

9 Ist Kalno nicht wie Karchemis? ist Hamath nicht wie Arpad? ist nicht Samaria wie Damaskus?

10 Wie meine Hand gefunden hat die Königreiche der Götzen, so doch ihre Götzen stärker waren, denn die zu Jerusalem und Samaria sind:

11 sollte ich nicht Jerusalem tun und ihren Götzen, wie ich Samaria und ihren Götzen getan habe?

12 Wenn aber der HERR all sein Werk ausgerichtet hat auf dem Berge Zion und zu Jerusalem, will ich heimsuchen die Frucht des Hochmuts des Königs von Assyrien und die Pracht seiner hoffärtigen Augen,

13 darum daß er spricht: Ich habe es durch meiner Hände Kraft ausgerichtet und durch meine Weisheit, denn ich bin klug; ich habe die Länder anders geteilt und ihr Einkommen geraubt und wie ein Mächtiger die Einwohner zu Boden geworfen,

14 und meine Hand hat gefunden die Völker wie ein Vogelnest, daß ich habe alle Lande zusammengerafft, wie man Eier aufrafft, die verlassen sind, da keines eine Feder regt oder den Schnabel aufsperrt oder zischt.

15 Mag sich auch eine Axt rühmen gegen den, der damit haut? oder eine Säge trotzen gegen den, der sie zieht? Als ob die Rute schwänge den der sie hebt; als ob der Stecken höbe den, der kein Holz ist!

16 Darum wird der HERR HERR Zebaoth unter die Fetten Assurs die Darre senden, und seine Herrlichkeit wird er anzünden, daß sie brennen wird wie ein Feuer.

17 Und das Licht Israels wird ein Feuer sein, und sein Heiliger wird eine Flamme sein, und sie

wird seine Dornen und Hecken anzünden und verzehren auf einen Tag.

18 Und die Herrlichkeit seines Waldes und seines Baumgartens soll zunichte werden, von den Seelen bis aufs Fleisch, und wird zergehen und verschwinden,

19 daß die übrigen Bäume seines Waldes können gezählt werden und ein Knabe sie kann aufschreiben.

20 Zu der Zeit werden die Übriggebliebenen in Israel und die errettet werden im Hause Jakob, sich nicht mehr verlassen auf den, der sie schlägt; sondern sie werden sich verlassen auf den HERRN, den Heiligen in Israel, in der Wahrheit.

21 Die Übriggebliebenen werden sich bekehren, ja, die Übriggebliebenen in Jakob, zu Gott, dem Starken.

22 Denn ob dein Volk, o Israel, ist wie Sand am Meer, sollen doch nur seine Übriggebliebenen bekehrt werden. Denn Verderben ist beschlossen; und die Gerechtigkeit kommt überschwänglich.

23 Denn der HERR HERR Zebaoth wird ein Verderben gehen lassen, wie beschlossen ist, im ganzen Lande.

24 Darum spricht der HERR HERR Zebaoth: Fürchte dich nicht, mein Volk, das zu Zion wohnt, vor Assur. Er wird dich mit einem Stecken schlagen und seinen Stab wider dich aufheben, wie in Ägypten geschah.

25 Denn es ist noch gar um ein Kleines zu tun, so wird die Ungnade und mein Zorn über ihre Untugend ein Ende haben.

26 Alsdann wird der HERR Zebaoth eine Geißel über ihn erwecken wie in der Schlacht Midians auf dem Fels Oreb und wird seinen Stab, den er am Meer brauchte, aufheben wie in Ägypten.

27 Zu der Zeit wird seine Last von deiner Schulter weichen müssen und sein Joch von deinem Halse; denn das Joch wird bersten vor dem Fett.

28 Er kommt gen Ajath; er zieht durch Migron; er mustert sein Gerät zu Michmas.

29 Sie ziehen durch den engen Weg, bleiben in Geba über Nacht. Rama erschrickt; Gibea Sauls flieht.

30 Du Tochter Gallim, schreie laut! merke auf, Laisa, du elendes Anathoth!

31 Madmena weicht; die Bürger zu Gebim werden flüchtig.

32 Man bleibt vielleicht einen Tag zu Nob, so wird er seine Hand regen wider den Berg der Tochter Zion, wider den Hügel Jerusalems.

33 Aber siehe, der HERR HERR Zebaoth wird die Äste mit Macht verhauen, und was hoch aufgerichtet steht, verkürzen, daß die Hohen erniedrigt werden.

34 Und der Dicke Wald wird mit Eisen umgehauen werden, und der Libanon wird fallen durch den Mächtigen.

11. Kapitel

Der Messias und sein Friedensreich.
Erlösung der Zerstreuten des Volkes.

1 Und es wird eine Rute aufgehen von dem Stamm Isais und ein Zweig aus seiner Wurzel Frucht bringen,

2 auf welchem wird ruhen der Geist des HERRN, der Geist der Weisheit und des Verstandes, der Geist des Rates und der Stärke, der Geist der Erkenntnis und der Furcht des HERRN.

3 Und Wohlgeruch wird ihm sein die Furcht des HERRN. Er wird nicht richten, nach dem seine Augen sehen, noch Urteil sprechen, nach dem seine Ohren hören,

4 sondern wird mit Gerechtigkeit richten die Armen und rechtes Urteil sprechen den Elenden im Lande und wird mit dem Stabe seines Mundes die Erde schlagen und mit dem Odem seiner Lippen den Gottlosen töten.

5 Gerechtigkeit wird der Gurt seiner Lenden sein und der Glaube der Gurt seiner Hüften.

6 Die Wölfe werden bei den Lämmern wohnen und die Parder bei den Böcken liegen. Ein kleiner Knabe wird Kälber und junge Löwen und Mastvieh miteinander treiben.

7 Kühe und Bären werden auf der Weide gehen, daß ihre Jungen beieinander liegen; und Löwen werden Stroh essen wie die Ochsen.

8 Und ein Säugling wird seine Lust haben am Loch der Otter, und ein Entwöhnter wird seine Hand stecken in die Höhle des Basilisken. [Und der Säugling wird spielen an dem Loch der Viper und das entwöhnte Kind seine Hand ausstrecken nach der Höhle der Otter. (3)]
9 Man wird niemand Schaden tun noch verderben auf meinem ganzen heiligen Berge; denn das Land ist voll Erkenntnis des HERRN, wie Wasser das Meer bedeckt.
10 Und es wird geschehen zu der Zeit, daß die Wurzel Isai, die da steht zum Panier den Völkern, nach der werden die Heiden fragen; und seine Ruhe wird Ehre sein.
11 Und der HERR wird zu der Zeit zum andernmal seine Hand ausstrecken, daß er das übrige Volk erwerbe, so übriggeblieben von Assur, Ägypten, Pathros, Mohrenland, Elam, Sinear, Hamath und von den Inseln des Meeres,
12 und wird ein Panier unter die Heiden aufwerfen und zusammenbringen die Verjagten Israels und die Zerstreuten aus Juda zuhauf führen von den vier Enden des Erdreichs;
13 und der Neid gegen Ephraim wird aufhören, und die Feinde Juda's werden ausgerottet werden, daß Ephraim nicht neide den Juda und Juda nicht sei gegen Ephraim.
14 Sie werden aber den Philistern auf dem Halse sein gegen Abend und berauben alle die, so gegen Morgen wohnen; Edom und Moab

werden ihre Hände gegen sie falten; die Kinder Ammon werden gehorsam sein.

15 Und der HERR wird verbannen die Zunge des Meeres in Ägypten und wird seine Hand lassen gehen über den Strom mit einem starken Winde und ihn in sieben Bäche zerschlagen, daß man mit Schuhen dadurchgehen kann.

16 Und es wird eine Bahn sein dem übrigen seines Volkes, das übriggeblieben ist von Assur, wie Israel geschah zu der Zeit, da sie aus Ägyptenland zogen.

12. Kapitel

Danklied der Erlösten

1 Zu derselben Zeit wirst du sagen: Ich danke dir, HERR, daß du zornig bist gewesen über mich und dein Zorn sich gewendet hat und tröstest mich.

2 Siehe, Gott ist mein Heil, ich bin sicher und fürchte mich nicht; denn Gott der HERR ist meine Stärke und mein Psalm und ist mein Heil.

3 Ihr werdet mit Freuden Wasser schöpfen aus den Heilsbrunnen

4 und werdet sagen zu derselben Zeit: Danket dem HERRN, prediget seinen Namen; machet kund unter den Völkern sein Tun; verkündiget, wie sein Name so hoch ist.

5 Lobsinget dem HERRN, denn er hat sich herrlich bewiesen; solches sei kund in allen Landen.

6 Jauchze und rühme, du Einwohnerin zu Zion; denn der Heilige Israels ist groß bei dir.

II.
Drohsprüche und Mahnworte an einzelne (meist fremde) Völker, Städte und Personen

13. Kapitel

Weissagung von der Zerstörung Babels durch die Meder.

1 Dies ist die Last über Babel, die Jesaja, der Sohn des Amoz, sah:

2 Auf hohem Berge werfet Panier auf, rufet laut ihnen zu, winket mit der Hand, daß sie einziehen durch die Tore der Fürsten.

3 Ich habe meinen Geheiligten geboten und meine Starken gerufen zu meinem Zorn, die fröhlich sind in meiner Herrlichkeit.

4 Es ist ein Geschrei einer Menge auf den Bergen wie eines großen Volks, ein Geschrei wie eines Getümmels der versammelten

Königreiche der Heiden. Der HERR Zebaoth rüstet ein Heer zum Streit,

5 sie kommen aus fernen Landen vom Ende des Himmels, ja, der HERR selbst samt den Werkzeugen seines Zorns, zu verderben das ganze Land.

6 Heulet, denn des HERRN Tag ist nahe; er kommt wie eine Verwüstung vom Allmächtigen.

7 Darum werden alle Hände laß [Darum werden alle Hände erschlaffen (4)] und aller Menschen Herz wird feige sein.

8 Schrecken, Angst und Schmerzen wird sie ankommen; es wird ihnen bange sein wie einer Gebärerin; einer wird sich vor dem andern entsetzen; feuerrot werden ihre Angesichter sein.

9 Denn siehe, des HERRN Tag kommt grausam, zornig, grimmig, das Land zu verstören und die Sünder daraus zu vertilgen.

10 Denn die Sterne am Himmel und sein Orion scheinen nicht hell; die Sonne geht finster auf, und der Mond scheint dunkel.

11 Ich will den Erdboden heimsuchen um seiner Bosheit willen und will dem Hochmut der Stolzen ein Ende machen und die Hoffart der Gewaltigen demütigen,

12 daß ein Mann teurer sein soll denn feines Gold und ein Mensch werter denn Goldes Stücke aus Ophir.

13 Darum will ich den Himmel bewegen, daß die Erde beben soll von ihrer Stätte durch den

Grimm des HERRN Zebaoth und durch den Tag seines Zorns.

14 Und sie sollen sein wie ein verscheuchtes Reh und wie eine Herde ohne Hirten, daß sich ein jeglicher zu seinem Volk kehren und ein jeglicher in sein Land fliehen wird,

15 darum daß, wer sich da finden läßt, erstochen wird, und wer dabei ist, durchs Schwert fallen wird.

16 Es sollen auch ihre Kinder vor ihren Augen zerschmettert werden, ihre Häuser geplündert und ihre Weiber geschändet werden.

17 Denn siehe, ich will die Meder über sie erwecken, die nicht Silber suchen oder nach Gold fragen,

18 sondern die Jünglinge mit Bogen erschießen und sich der Furcht des Leibes nicht erbarmen noch der Kinder schonen.

19 Also soll Babel, das schönste unter den Königreichen, die herrliche Pracht der Chaldäer, umgekehrt werden vor Gott wie Sodom und Gomorra,

20 daß man hinfort nicht mehr da wohne noch jemand da bleibe für und für, daß auch die Araber keine Hütten daselbst machen und die Hirten keine Hürden da aufschlagen;

21 sondern Wüstentiere werden sich da lagern, und ihre Häuser sollen voll Eulen sein, und Strauße werden da wohnen, und Feldgeister werden da hüpfen

22 und wilde Hunde in ihren Palästen heulen und Schakale in den lustigen Schlössern. Und ihre Zeit wird bald kommen, und ihre Tage werden nicht säumen.

14. Kapitel

Befreiung Israels.
Triumphlied über den Sturz des Königs von Babel.

1 Denn der HERR wird sich über Jakob erbarmen und Israel noch fürder erwählen und sie in ihr Land setzen. Und Fremdlinge werden sich zu ihnen tun und dem Hause Jakob anhangen.
 2 Und die Völker werden sie nehmen und bringen an ihren Ort, daß sie das Haus Israel besitzen wird im Lande des HERRN zu Knechten und Mägden, und sie werden gefangen halten die, von welchen sie gefangen waren, und werden herrschen über ihre Dränger.
 3 Und zu der Zeit, wenn dir der HERR Ruhe geben wird von deinem Jammer und Leid und von dem harten Dienst, darin du gewesen bist,
 4 so wirst du solch ein Lied anheben wider den König von Babel und sagen: Wie ist's mit dem Dränger so gar aus, und der Zins hat ein Ende!
 5 Der HERR hat die Rute der Gottlosen zerbrochen, die Rute der Herrscher,

6 welche die Völker schlug mit Grimm ohne Aufhören und mit Wüten herrschte über die Heiden und verfolgte ohne Barmherzigkeit.

7 Nun ruht doch alle Welt und ist still und jauchzt fröhlich.

8 Auch freuen sich die Tannen über dich und die Zedern auf dem Libanon und sagen: "Weil du liegst, kommt niemand herauf, der uns abhaue."

9 Die Hölle drunten erzittert vor dir, da du ihr entgegenkamst. Sie erweckt dir die Toten, alle Gewaltigen der Welt, und heißt alle Könige der Heiden von ihren Stühlen aufstehen,

10 daß dieselben alle umeinander reden und sagen zu dir: "Du bist auch geschlagen gleichwie wir, und es geht dir wie uns."

11 Deine Pracht ist herunter in die Hölle gefahren samt dem Klange deiner Harfen. Maden werden dein Bett sein und Würmer deine Decke.

12 Wie bist du vom Himmel gefallen, du schöner Morgenstern! Wie bist du zur Erde gefällt, der du die Heiden schwächtest!

13 Gedachtest du doch in deinem Herzen: "Ich will in den Himmel steigen und meinen Stuhl über die Sterne Gottes erhöhen;

14 ich will mich setzen auf den Berg der Versammlung in der fernsten Mitternacht; ich will über die hohen Wolken fahren und gleich sein dem Allerhöchsten."

15 Ja, zur Hölle fährst du, zur tiefsten Grube.

16 Wer dich sieht, wird dich schauen und betrachten und sagen: "Ist das der Mann, der die Erde zittern und die Königreiche beben machte?

17 der den Erdboden zur Wüste machte und die Städte darin zerbrach und gab seine Gefangenen nicht los?"

18 Alle Könige der Heiden miteinander liegen doch mit Ehren, ein jeglicher in seinem Hause;

19 du aber bist verworfen fern von deinem Grabe wie ein verachteter Zweig, bedeckt von Erschlagenen, die mit dem Schwert erstochen sind, die hinunterfahren zu den Steinen der Grube, wie eine zertretene Leiche.

20 Du wirst nicht wie jene begraben werden, denn du hast dein Land verderbt und dein Volk erschlagen; denn man wird des Samens der Boshaften nimmermehr gedenken.

21 Richtet zu, daß man seine Kinder schlachte um ihrer Väter Missetat willen, daß sie nicht aufkommen noch das Land erben noch den Erdboden voll Städte machen.

22 Und ich will über dich kommen, spricht der HERR Zebaoth, und zu Babel ausrotten ihr Gedächtnis, ihre Übriggebliebenen, Kind und Kindeskind, spricht der HERR,

23 und will Babel machen zum Erbe der Igel und zum Wassersumpf und will sie mit einem Besen des Verderbens kehren, spricht der HERR Zebaoth.

24 Der HERR Zebaoth hat geschworen und

gesagt: Was gilt's? es soll gehen, wie ich denke, und soll bleiben, wie ich es im Sinn habe;

25 daß Assur zerschlagen werde in meinem Lande und ich ihn zertrete auf meinen Bergen, auf daß sein Joch von ihnen genommen werde und seine Bürde von ihrem Hals komme.

26 Das ist der Anschlag, den er hat über alle Lande, und das ist die ausgereckte Hand über alle Heiden.

27 Denn der HERR Zebaoth hat's beschlossen, wer will's wehren? und seine Hand ist ausgereckt, wer will sie wenden?

28 Im Jahr, da der König Ahas starb, war dies die Last:

29 Freue dich nicht, du ganzes Philisterland, daß die Rute, die dich schlug, zerbrochen ist! Denn aus der Wurzel der Schlange wird ein Basilisk kommen, und ihre Frucht wird ein feuriger fliegender Drache sein.

30 Denn die Erstlinge der Dürftigen werden weiden, und die Armen sicher ruhen; aber deine Wurzel will ich mit Hunger töten, und deine Übriggebliebenen wird er erwürgen.

31 Heule, Tor! schreie, Stadt! Ganz Philisterland ist feige; denn von Mitternacht kommt ein Rauch, und ist kein Einsamer in seinen Gezelten.

32 Und was werden die Boten der Heiden hin und wieder sagen? "Zion hat der HERR gegründet, und daselbst werden die Elenden seines Volkes Zuversicht haben."

15. Kapitel

Weissagung wider Moab

1 Dies ist die Last über Moab: Des Nachts kommt Verstörung über Ar in Moab; sie ist dahin. Des Nachts kommt Verstörung über Kir in Moab; sie ist dahin.

2 Sie gehen hinauf gen Baith und Dibon zu den Altären, daß sie weinen, und heulen über Nebo und Medeba in Moab. Aller Haupt ist kahl geschoren, aller Bart ist abgeschnitten.

3 Auf ihren Gassen gehen sie mit Säcken umgürtet; auf ihren Dächern und Straßen heulen sie alle und gehen weinend herab.

4 Hesbon und Eleale schreien, daß man's zu Jahza hört. Darum wehklagen die Gerüsteten in Moab; denn es geht ihrer Seele übel.

5 Mein Herz schreit über Moab, seine Flüchtigen fliehen bis gen Zoar, bis zum dritten Eglath. Denn sie gehen gen Luhith hinan und weinen, und auf dem Wege nach Horonaim zu erhebt sich ein Jammergeschrei.

6 Denn die Wasser zu Nimrim versiegen, daß das Gras verdorrt und das Kraut verwelkt und kein Grünes wächst.

7 Denn das Gut, das sie gesammelt haben, und alles, was sie verwahrt haben, führt man über den Weidenbach.

8 Geschrei geht um in den Grenzen Moabs; sie

heulen bis gen Eglaim und heulen bei dem Born Elim.

9 Denn die Wasser zu Dimon sind voll Blut. Dazu will ich über Dimon noch mehr kommen lassen, über die, so erhalten sind in Moab, einen Löwen, und über die übrigen im Lande.

16. Kapitel

Fortsetzung der Weissagung wider Moab.

1 Schickt dem Landesherrn Lämmer von Sela aus der Wüste zum Berge der Tochter Zion!
2 Aber wie ein Vogel dahinfliegt, der aus dem Nest getrieben wird, so werden sein die Töchter Moabs in den Furten des Arnon.
3 "Sammelt Rat, haltet Gericht, mache deinen Schatten des Mittags wie die Nacht; verbirg die Verjagten, und melde die Flüchtlinge nicht!
4 Laß meine Verjagten bei dir herbergen; sei du für Moab ein Schirm vor dem Verstörer, so wird der Dränger ein Ende haben, der Verstörer aufhören und der Untertreter ablassen im Lande."
5 Es wird aber ein Stuhl bereitet werden aus Gnaden, daß einer darauf sitze in der Wahrheit, in der Hütte Davids, und richte und trachte nach Recht und fördere Gerechtigkeit.
6 Wir hören aber von dem Hochmut Moabs,

daß er gar groß ist, daß auch ihr Hochmut, Stolz und Zorn größer ist denn ihre Macht.

7 Darum wird ein Moabiter über den andern heulen; allesamt werden sie Heulen. Über die Grundfesten der Stadt Kir-Hareseth werden sie seufzen, ganz zerschlagen.

8 Denn Hesbon ist ein wüstes Feld geworden; der Weinstock zu Sibma ist verderbt; die Herren unter den Heiden haben seine edlen Reben zerschlagen, die da reichten bis gen Jaser und sich zogen in die Wüste; ihre Schößlinge sind zerstreut und über das Meer geführt.

9 Darum weine ich um Jaser und um den Weinstock zu Sibma und vergieße viel Tränen um Hesbon und Eleale. Denn es ist ein Gesang in deinen Sommer und in deine Ernte gefallen,

10 daß Freude und Wonne im Felde aufhört, und in den Weinbergen jauchzt noch ruft man nicht. Man keltert keinen Wein in den Keltern; ich habe dem Gesang ein Ende gemacht.

11 Darum rauscht mein Herz über Moab wie eine Harfe und mein Inwendiges über Kir-Heres.

12 Alsdann wird's offenbar werden, wie Moab müde ist bei den Altären und wie er zu seinem Heiligtum gegangen sei, zu beten, und doch nichts ausgerichtet habe.

13 Das ist's, was der HERR dazumal gegen Moab geredet hat.

14 Nun aber redet der HERR und spricht: In drei Jahren, wie eines Tagelöhners Jahre sind, wird die Herrlichkeit Moabs gering werden bei all

seiner großen Menge, daß gar wenig übrigbleibe und nicht viel.

17. Kapitel

Weissagung wider Damaskus und Israel.

1 Dies ist die Last über Damaskus: Siehe, Damaskus wird keine Stadt mehr sein, sondern ein zerfallener Steinhaufe.
2 Die Städte Aroer werden verlassen sein, daß Herden daselbst weiden, die niemand scheuche.
3 Und es wird aus sein mit der Feste Ephraims; und das Königreich zu Damaskus und das übrige Syrien wird sein wie die Herrlichkeit der Kinder Israel, spricht der HERR Zebaoth.
4 Zu der Zeit wird die Herrlichkeit Jakobs dünn sein, und sein fetter Leib wird mager sein.
5 Denn sie wird sein, als wenn einer Getreide einsammelte in der Ernte, und als wenn einer mit seinem Arm die Ähren einerntete, und als wenn einer Ähren läse im Tal Rephaim
6 und die Nachernte darin bliebe; als wenn man einen Ölbaum schüttelte, daß zwei oder drei Beeren blieben oben in dem Wipfel, oder als wenn vier oder fünf Früchte an den Zweigen hangen, spricht der HERR, der Gott Israels.
7 Zu der Zeit wird sich der Mensch halten zu dem, der ihn gemacht hat, und seine Augen werden auf den Heiligen in Israel schauen,

8 und wird sich nicht halten zu den Altären, die seine Hände gemacht haben, und nicht schauen auf das, was seine Finger gemacht haben, weder auf Ascherabilder noch Sonnensäulen.

9 Zu der Zeit werden die Städte ihrer Stärke sein wie verlassene Burgen im Wald und auf der Höhe, so verlassen wurden vor den Kindern Israel, und werden wüst sein.

10 Denn du hast vergessen des Gottes deines Heils und nicht gedacht an den Felsen deiner Stärke. Darum setzest du lustige Pflanzen und legest ausländische Reben.

11 Zur Zeit des Pflanzens wirst du sein wohl warten, daß der Same zeitig wachse; aber in der Ernte, wenn du die Garben sollst erben, wirst du dafür Schmerzen eines Betrübten haben.

12 O weh der Menge so großen Volks! Wie das Meer wird es brausen; und das Getümmel der Leute wird wüten, wie groß Wasser wüten.

13 Ja, wie große Wasser wüten, so werden die Leute wüten. Aber er wird sie schelten, so werden sie ferne wegfliehen, und wird sie verfolgen, wie der Spreu auf den Bergen vom Winde geschieht und wie einem Staubwirbel vom Ungewitter geschieht.

14 Um den Abend, siehe, so ist Schrecken da; und ehe es Morgen wird, sind sie nimmer da. Das ist der Lohn unsrer Räuber und das Erbe derer, die uns das Unsre nehmen.

18. Kapitel

Mohrenland gibt Gott die Ehre.

1 Weh dem Lande, das unter den Segeln im Schatten fährt, jenseits der Wasser des Mohrenlandes,

2 das Botschafter auf dem Meer sendet und in Rohrschiffen auf den Wassern fährt! Gehet hin, ihr schnellen Boten, zum Volk, das hochgewachsen und glatt ist, zum Volk, das schrecklicher ist denn sonst irgend eins, zum Volk, das gebeut und zertritt, welchem die Wasserströme sein Land einnehmen.

3 Alle, die ihr auf Erden wohnet und im Lande sitzet, werden sehen, wie man das Panier auf den Bergen aufwerfen wird, und hören, wie man die Drommeten blasen wird.

4 Denn so spricht der HERR zu mir: Ich will stillhalten und schauen in meinem Sitz wie bei heller Hitze im Sonnenschein, wie bei Taugewölk in der Hitze der Ernte.

5 Denn vor der Ernte, wenn die Blüte vorüber ist und die Traube reift, wird man die Ranken mit Hippen abschneiden und die Reben wegnehmen und abhauen,

6 daß man's miteinander läßt liegen den Vögeln auf den Bergen und den Tieren im Lande, daß des Sommers die Vögel darin nisten und des Winters allerlei Tiere im Lande darin liegen.

7 Zu der Zeit wird das hochgewachsene und glatte Volk, das schrecklicher ist denn sonst irgend eins, das gebeut und zertritt, welchem die Wasserströme sein Land einnehmen, Geschenke bringen dem HERRN Zebaoth an den Ort, da der Name des HERRN Zebaoth ist, zum Berge Zion.

19. Kapitel

*Weissagung wider Ägypten.
Seine Vereinigung mit Assur und Israel
zur Anbetung des wahren Gottes.*

1 Dies ist die Last über Ägypten: Siehe, der HERR wird auf einer schnellen Wolke fahren und über Ägypten kommen. Da werden die Götzen in Ägypten vor ihm beben, und den Ägyptern wird das Herz feige werden in ihrem Leibe.
2 Und ich will die Ägypter aneinander hetzen, daß ein Bruder gegen den andern, ein Freund gegen den andern, eine Stadt gegen die andere, ein Reich gegen das andere streiten wird.
3 Und der Mut soll den Ägyptern in ihrem Herzen vergehen, und ich will ihre Anschläge zunichte machen. Da werden sie dann fragen ihre Götzen und Pfaffen und Wahrsager und Zeichendeuter.
4 Aber ich will die Ägypter übergeben in die Hände grausamer Herren, und ein harter König

soll über sie herrschen, spricht der Herrscher, der HERR Zebaoth.

5 Und das Wasser in den Seen wird vertrocknen; dazu der Strom wird versiegen und verschwinden.

6 Und die Wasser werden verlaufen, daß die Flüsse Ägyptens werden gering und trocken werden, daß Rohr und Schilf verwelken,

7 und das Gras an den Wassern wird verstieben, und alle Saat am Wasser wird verdorren und zunichte werden.

8 Und die Fischer werden trauern; und alle die, so Angeln ins Wasser werfen, werden klagen; und die, so Netze auswerfen aufs Wasser, werden betrübt sein.

9 Es werden mit Schanden bestehen, die da gute Garne wirken und Netze stricken.

10 Und des Landes Pfeiler werden zerschlagen; und alle, die um Lohn arbeiten, werden bekümmert sein.

11 Die Fürsten zu Zoan sind Toren; die weisen Räte Pharaos sind im Rat zu Narren geworden. Was sagt ihr doch zu Pharao: Ich bin der Weisen Kind und komme von alten Königen her?

12 Wo sind denn nun deine Weisen? Laß sie dir's verkündigen und anzeigen, was der HERR Zebaoth über Ägypten beschlossen hat.

13 Aber die Fürsten zu Zoan sind zu Narren geworden, die Fürsten zu Noph sind betrogen; es verführen Ägypten die Ecksteine seiner Geschlechter.

14 Denn der HERR hat einen Schwindelgeist unter sie ausgegossen, daß sie Ägypten verführen in allem ihrem Tun, wie ein Trunkenbold taumelt, wenn er speit.

15 Und Ägypten wird kein Werk haben, das Haupt oder Schwanz, Ast oder Stumpf ausrichte.

16 Zu der Zeit wird Ägypten sein wie Weiber und sich fürchten und erschrecken, wenn der HERR Zebaoth die Hand über sie schwingen wird.

17 Und Ägypten wird sich fürchten vor dem Lande Juda, daß, wer desselben gedenkt, wird davor erschrecken über den Rat des HERRN Zebaoth, den er über sie beschlossen hat.

18 Zu der Zeit werden fünf Städte in Ägyptenland reden nach der Sprache Kanaans und schwören bei dem HERRN Zebaoth. Eine wird heißen Ir-Heres.

19 Zu derselben Zeit wird des HERRN Altar mitten in Ägyptenland sein und ein Malstein des HERRN an den Grenzen,

20 welcher wird ein Zeichen und Zeugnis sein dem HERR Zebaoth in Ägyptenland. Denn sie werden zum HERRN schreien vor den Drängern, so wird er ihnen senden einen Heiland und Meister, der sie errette.

21 Denn der HERR wird den Ägyptern bekannt werden, und die Ägypter werden den HERRN kennen zu der Zeit und werden ihm dienen mit Opfer und Speisopfer und werden dem HERR geloben und halten.

22 Und der HERR wird die Ägypter plagen und heilen; denn sie werden sich bekehren zum HERRN, und er wird sich erbitten lassen und sie heilen.

23 Zu der Zeit wird eine Bahn sein von Ägypten nach Assyrien, daß die Assyrer nach Ägypten und die Ägypter nach Assyrien kommen und die Ägypter samt den Assyrern Gott dienen.

24 Zu der Zeit wird Israel selbdritt (5) sein mit den Ägyptern und Assyrern, ein Segen mitten auf der Erden.

25 Denn der HERR Zebaoth wird sie segnen und sprechen: Gesegnet bist du, Ägypten, mein Volk, und du, Assur, meiner Hände Werk, und du, Israel, mein Erbe!

20. Kapitel

*Weissagung von den Siegen der Assyrer
über Ägypten und Mohrenland.*

1 Im Jahr, da der Tharthan gen Asdod kam, als ihn gesandt hatte Sargon, der König von Assyrien, und stritt gegen Asdod und gewann es,

2 zu derselben Zeit redete der HERR durch Jesaja, den Sohn des Amoz, und sprach: Gehe hin und zieh ab den Sack von deinen Lenden und zieh deine Schuhe aus von deinen Füßen. Und er tut also, ging nackt und barfuß.

3 Da sprach der HERR: Gleichwie mein Knecht Jesaja nackt und barfuß geht, zum Zeichen und Wunder dreier Jahre über Ägypten und Mohrenland,

4 also wird der König von Assyrien hintreiben das ganze gefangene Ägypten und vertriebene Mohrenland, beide, jung und alt, nackt und barfuß, in schmählicher Blöße, zu Schanden Ägyptens.

5 Und sie werden erschrecken und mit Schanden bestehen über dem Mohrenland, darauf sie sich verließen, und über den Ägyptern, welcher sie sich rühmten.

6 Und die Einwohner dieser Küste werden sagen zu derselben Zeit: Ist das unsre Zuversicht, dahin wir flohen um Hilfe, daß wir errettet würden von dem König von Assyrien? Wie könnten denn wir entrinnen?

21. Kapitel

Weissagung gegen Babel,
Duma (Edom) und Arabien.

1 Dies ist die Last über die Wüste am Meer: Wie ein Wetter vom Mittag kommt, das alles umkehrt, so kommt's aus der Wüste, aus einem schrecklichen Lande.

2 Denn mir ist ein hartes Gesicht angezeigt: Der Räuber raubt, und der Verstörer verstört. Zieh

herauf, Elam! belagere sie, Madai! Ich will allem Seufzen über sie ein Ende machen.

3 Derhalben sind meine Lenden voll Schmerzen, und Angst hat mich ergriffen wie eine Gebärerin; ich krümme mich, wenn ich's höre, und erschrecke, wenn ich's ansehe.

4 Mein Herz zittert, Grauen hat mich betäubt; ich habe in der lieben Nacht keine Ruhe davor.

5 Ja, richte einen Tisch zu, laß wachen auf der Warte, esset, trinket. "Macht euch auf, ihr Fürsten, schmiert den Schild!"

6 Denn der HERR sagte zu mir also: Gehe hin, stelle einen Wächter, der da schaue und ansage.

7 Er sieht aber Reiter reiten auf Rossen, Eseln und Kamelen und hat mit großem Fleiß Achtung darauf.

8 Und wie ein Löwe ruft er: Herr, ich stehe auf der Warte immerdar des Tages und stelle mich auf meine Hut alle Nacht. [Da rief er wie ein Löwe: Auf der Turmwarte, Herr, stehe ich beständig am Tag, und auf meinem Wachtposten stehe ich bereit alle Nächte hindurch! (6)]

9 Und siehe, da kommt einer, der fährt auf einem Wagen; der antwortet und spricht: Babel ist gefallen, sie ist gefallen, und alle Bilder ihrer Götter sind zu Boden geschlagen.

10 Meine liebe Tenne, darauf gedroschen wird! [O mein zerdroschenes (Volk), du Sohn meiner Tenne - der du auf meiner Tenne gedroschen wurdest (7)] was ich gehört habe vom HERRN

Zebaoth, dem Gott Israels, das verkündige ich euch.

11 Dies ist die Last über Duma: Man ruft zu mir aus Seir: Hüter, ist die Nacht schier hin? Hüter ist die Nacht schier hin?

12 Der Hüter aber sprach: Wenn der Morgen schon kommt, so wird es doch Nacht sein. Wenn ihr schon fragt, so werdet ihr doch wieder kommen und wieder fragen.

13 Dies ist die Last über Arabien: ihr werdet im Walde in Arabien herbergen, ihr Reisezüge der Dedaniter.

14 Bringet den Durstigen Wasser entgegen, die ihr wohnet im Lande Thema; bietet Brot den Flüchtigen.

15 Denn sie fliehen vor dem Schwert, ja, vor dem bloßen Schwert, vor dem gespannten Bogen, vor dem großen Streit.

16 Denn also spricht der HERR zu mir: Noch in einem Jahr, wie des Tagelöhners Jahre sind, soll alle Herrlichkeit Kedars untergehen,

17 und der übrigen Schützen der Helden zu Kedar soll wenig sein; denn der HERR, der Gott Israels, hat's geredet.

22. Kapitel

*Jerusalem wird belagert.
Sebna gestürzt und Eljakim erhöht.*

1 Dies ist die Last über das Schautal: Was ist denn euch, daß ihr alle so auf die Dächer lauft?
2 Du warst voll Getönes, eine Stadt voll Volks, eine fröhliche Stadt. Deine Erschlagenen sind nicht mit dem Schwert erschlagen und nicht im Streit gestorben;
3 alle deine Hauptleute sind vor dem Bogen gewichen und gefangen; alle, die man in dir gefunden hat, sind gefangen und fern geflohen.
4 Darum sage ich: Hebt euch von mir, laßt mich bitterlich weinen; müht euch nicht, mich zu trösten über die Verstörung der Tochter meines Volks!
5 Denn es ist ein Tag des Getümmels und der Zertretung und Verwirrung vom HERRN HERRN Zebaoth im Schautal um des Untergrabens willen der Mauer und des Geschreies am Berge.
6 Denn Elam fährt daher mit Köcher, Wagen, Leuten und Reitern, und Kir glänzt daher mit Schilden.
7 Und es wird geschehen, daß deine auserwählten Täler werden voll Wagen sein, und Reiter werden sich lagern vor die Tore.
8 Da wird der Vorhang Juda's aufgedeckt werden, daß man schauen wird zu der Zeit nach Rüstungen im Hause des Waldes.

9 Und ihr werdet die Risse an der Stadt Davids viel sehen und werdet das Wasser des untern Teiches sammeln;

10 ihr werdet auch die Häuser zu Jerusalem zählen; ja, ihr werdet die Häuser abbrechen, die Mauer zu befestigen,

11 und werdet einen Graben machen zwischen beiden Mauern vom Wasser des alten Teiches. Doch sehet ihr nicht auf den, der solches tut, und schauet nicht auf den, der solches schafft von ferneher.

12 Darum wird der HERR HERR Zebaoth zu der Zeit rufen lassen, daß man weine und klage und sich das Haar abschere und Säcke anziehe.

13 Wiewohl jetzt, siehe, ist's eitel Freude und Wonne, Ochsen würgen, Schafe schlachten, Fleisch essen, Wein trinken und ihr sprecht: "Laßt uns essen und trinken, wir sterben doch morgen!"

14 Aber meinen Ohren ist es vom HERRN Zebaoth offenbart: Was gilt's, ob euch diese Missetat soll vergeben werden, bis ihr sterbet? spricht der HERR HERR Zebaoth.

15 So spricht der HERR HERR Zebaoth: Gehe hinein zum Schatzmeister Sebna, dem Hofmeister, und sprich zu ihm:

16 Was hast du hier? wem gehörst du an, daß du dir ein Grab hier hauen lässest, als der sein Grab in der Höhe hauen läßt und als der seine Wohnung in den Felsen machen läßt?

17 Siehe, der HERR wird dich wegwerfen, wie ein Starker einen wegwirft, und wird dich greifen

18 und dich umtreiben wie eine Kugel auf weitem Lande. Daselbst wirst du sterben, daselbst werden deine köstlichen Wagen bleiben, du Schmach des Hauses deines Herrn!

19 Und ich will dich von deinem Stande stürzen, und von deinem Amt will ich dich setzen.

20 Und zu der Zeit will ich rufen meinen Knecht Eljakim, den Sohn Hilkias,

21 und will ihm deinen Rock anziehen und ihn mit deinem Gürtel gürten und deine Gewalt in seine Hand geben, daß er Vater sei derer, die zu Jerusalem wohnen und des Hauses Juda.

22 Und ich will die Schlüssel zum Hause Davids auf seine Schulter legen, daß er auftue und niemand zuschließe, daß er zuschließe und niemand auftue.

23 Und will ihn zum Nagel stecken an einen festen Ort, und er soll haben den Stuhl der Ehre in seines Vaters Hause,

24 daß man an ihn hänge alle Herrlichkeit seines Vaterhauses, Kind und Kindeskinder, alle kleinen Geräte, beide, Trinkgefäße und allerlei Krüge.

25 Zu der Zeit, spricht der HERR Zebaoth, soll der Nagel weggenommen werden, der am festen Ort steckt, daß er zerbreche und falle und seine Last umkomme. Denn der HERR sagt's.

23. Kapitel

Zerstörung und Wiedererhebung von Tyrus zur Ehre Gottes.

1 Dies ist die Last über Tyrus: Heulet, ihr Tharsisschiffe; denn sie ist zerstört, daß kein Haus da ist noch jemand dahin zieht. Aus dem Lande Chittim werden sie des gewahr werden.

2 Die Einwohner der Insel sind still geworden. Die Kaufleute zu Sidon, die durchs Meer zogen, füllten dich,

3 und was von Früchten am Sihor und Getreide am Nil wuchs, brachte man zu ihr hinein durch große Wasser; und du warst der Heiden Markt geworden.

4 Du magst wohl erschrecken, Sidon; denn das Meer, ja, die Feste am Meer spricht: Ich bin nicht mehr schwanger, ich gebäre nicht mehr; so ziehe ich keine Jünglinge mehr auf und erziehe keine Jungfrauen.

5 Sobald es die Ägypter hören, erschrecken sie über die Kunde von Tyrus.

6 Fahret hin gen Tharsis; heulet, ihr Einwohner der Insel!

7 Ist das eure fröhliche Stadt, die sich ihres Alters rühmte? Ihre Füße werden sie wegführen, zu wallen.

8 Wer hätte das gemeint, daß es Tyrus, der Krone, so gehen sollte, so doch ihre Kaufleute

Fürsten sind und ihre Krämer die Herrlichsten im Lande?

9 Der HERR Zebaoth hat's also gedacht, auf daß er schwächte alle Pracht der lustigen Stadt und verächtlich machte alle Herrlichen im Lande.

10 Fahr hin durch dein Land wie ein Strom, du Tochter Tharsis! Da ist kein Gurt mehr.

11 Er reckt seine Hand über das Meer und erschreckt die Königreiche. Der HERR gebeut über Kanaan, zu vertilgen ihre Mächtigen,

12 und spricht: Du sollst nicht mehr fröhlich sein, du geschändete Jungfrau, du Tochter Sidon! Nach Chittim mache dich auf und zieh fort; doch wirst du daselbst auch nicht Ruhe haben.

13 Siehe, der Chaldäer Land, das nicht ein Volk war, sondern Assur hat es angerichtet, zu schiffen, die haben ihre Türme aufgerichtet und die Paläste niedergerissen; denn sie ist gesetzt, daß sie geschleift werden soll.

14 Heulet, ihr Tharsisschiffe! denn eure Macht ist zerstört.

15 Zu der Zeit wird Tyrus vergessen werden siebzig Jahre, solange ein König leben mag. Aber nach siebzig Jahren wird es mit Tyrus gehen, wie es im Hurenlied heißt:

16 Nimm die Harfe, gehe in der Stadt um, du vergessene Hure; mache es gut auf dem Saitenspiel und singe getrost, auf daß dein wieder gedacht werde!

17 Denn nach siebzig Jahren wird der HERR Tyrus heimsuchen, daß sie wiederkomme zu ihrem Hurenlohn und Hurerei treibe mit allen Königreichen auf Erden.

18 Aber ihr Kaufhandel und Hurenlohn werden dem HERRN heilig sein. Man wird sie nicht wie Schätze sammeln noch verbergen; sondern die vor dem HERRN wohnen, werden ihr Kaufgut haben, daß sie essen und satt werden und wohl bekleidet seien.

III.
Das Weltgericht und die Vollendung

24. Kapitel

Das Gottesgericht über die Erde. Künftige Offenbarung der Herrlichkeit des Herrn zu Zion.

1 Siehe, der HERR macht das Land leer und wüst und wirft um, was darin ist, und zerstreut seine Einwohner.

2 Und es geht dem Priester wie dem Volk, dem Herrn wie dem Knecht, der Frau wie der Magd, dem Verkäufer wie dem Käufer, dem Leiher wie dem Borger, dem Mahnenden wie dem Schuldner.

3 Denn das Land wird leer und beraubt sein; denn der HERR hat solches geredet.

4 Das Land steht jämmerlich und verderbt; der Erdboden nimmt ab und verdirbt; die Höchsten des Volks im Lande nehmen ab.

5 Das Land ist entheiligt von seinen Einwohnern; denn sie übertreten das Gesetz und ändern die Gebote und lassen fahren den ewigen Bund.

6 Darum frißt der Fluch das Land; denn sie verschulden's, die darin wohnen. Darum verdorren die Einwohner des Landes, also daß wenig Leute übrigbleiben.

7 Der Most verschwindet, der Weinstock verschmachtet; und alle, die von Herzen fröhlich waren, seufzen.

8 Die Freude der Pauken feiert, das Jauchzen der Fröhlichen ist aus, und die Freude der Harfe hat ein Ende.

9 Man singt nicht mehr beim Weintrinken, und gutes Getränk ist bitter denen, die es trinken.

10 Die leere Stadt ist zerbrochen; alle Häuser sind zugeschlossen, daß niemand hineingeht.

11 Man klagt um den Wein auf den Gassen, daß alle Freude weg ist, alle Wonne des Landes dahin ist.

12 Eitel Wüstung ist in der Stadt geblieben, und die Tore stehen öde.

13 Denn es geht im Lande und im Volk eben, wie wenn ein Ölbaum abgepflückt ist, wie wenn man nachliest, so die Weinernte aus ist.

14 Dieselben heben ihre Stimme auf und rühmen und jauchzen vom Meer her über der Herrlichkeit des HERRN.

15 So preiset nun den HERRN in den Gründen, in den Inseln des Meeres den Namen des HERRN, des Gottes Israels.

16 Wir hören Lobgesänge vom Ende der Erde zu Ehren dem Gerechten. Und ich muß sagen: Wie bin ich aber so elend! wie bin ich aber so elend! Weh mir! denn es rauben die Räuber, ja immerfort rauben die Räuber.

17 Darum kommt über euch, Bewohner der Erde, Schrecken, Grube und Strick.

18 Und ob einer entflöhe vor dem Geschrei des Schreckens, so wird er doch in die Grube fallen; kommt er aus der Grube, so wird er doch im Strick gefangen werden. Denn die Fenster der Höhe sind aufgetan, und die Grundfesten der Erde beben.

19 Es wird die Erde mit Krachen zerbrechen, zerbersten und zerfallen.

20 Die Erde wird taumelm wie ein Trunkener und wird hin und her geworfen wie ein Hängebett; denn ihre Missetat drückt sie, daß sie fallen muß und kann nicht stehenbleiben.

21 Zu der Zeit wird der HERR heimsuchen das hohe Heer, das in der Höhe ist, und die Könige der Erde, die auf Erden sind,

22 daß sie versammelt werden als Gefangene in die Grube und verschlossen werden im

Kerker und nach langer Zeit wieder heimgesucht werden.

23 Und der Mond wird sich schämen, und die Sonne mit Schanden bestehen, wenn der HERR Zebaoth König sein wird auf dem Berge Zion und zu Jerusalem und vor seinen Ältesten in der Herrlichkeit.

25. Kapitel

Preis des Herrn.
Freudenmahl der Völker auf Zion.

1 HERR, du bist mein Gott! dich preise ich; ich lobe deinen Namen, denn du tust Wunder; deine Ratschlüsse von alters her sind treu und wahrhaftig.

2 Denn du machst die Stadt zum Steinhaufen, die feste Stadt, daß sie auf einem Haufen liegt, der Fremden Palast, daß sie nicht mehr eine Stadt sei und nimmermehr gebaut werde.

3 Darum ehrt dich ein mächtiges Volk: die Städte gewaltiger Heiden fürchten dich.

4 Denn du bist der Geringen Stärke, der Armen Stärke in der Trübsal, eine Zuflucht vor dem Ungewitter, ein Schatten vor der Hitze, wenn die Tyrannen wüten wie ein Ungewitter wider eine Wand.

5 Du demütigst der Fremden Ungestüm wie die Hitze in einem dürren Ort; wie die Hitze durch

der Wolken Schatten, so wird gedämpft der Tyrannen Siegesgesang.

6 Und der HERR Zebaoth wird allen Völkern machen auf diesem Berge ein fettes Mahl, ein Mahl von reinem Wein, von Fett, von Mark, von Wein, darin keine Hefe ist.

7 Und er wird auf diesem Berge die Hülle wegtun, damit alle Völker verhüllt sind, und die Decke, mit der alle Heiden zugedeckt sind.

8 Er wird den Tod verschlingen ewiglich; und der HERR HERR wird die Tränen von allen Angesichtern abwischen und wird aufheben alle Schmach seines Volks in allen Landen; denn der HERR hat's gesagt.

9 Zu der Zeit wird man sagen: Siehe, das ist unser Gott, auf den wir harren, und er wird uns helfen; das ist der HERR auf den wir harren, daß wir uns freuen und fröhlich seien in seinem Heil.

10 Denn die Hand des HERRN ruht auf diesem Berge. Moab aber wird unter ihm zertreten werden, wie Stroh zertreten wird und wie Kot.

11 Und er wird seine Hände ausbreiten mitten unter sie, wie sie ein Schwimmer ausbreitet, zu schwimmen; und wird ihre Pracht erniedrigen mit den Armen seiner Hände

12 und die hohen Festen eurer Mauern beugen, erniedrigen und in den Staub zu Boden werfen.

26. Kapitel

Loblied des Volkes Gottes und seine Hoffnung.

1 Zu der Zeit wird man ein solch Lied singen im Lande Juda: Wir haben eine feste Stadt, Mauern und Wehre sind Heil. [An jenem Tage wird man dieses Lied im Lande Juda singen: 'Eine feste Stadt haben wir; zum Schutz hat er ihr Mauern und Außenwerk geschaffen.' (8)]

2 Tut die Tore auf, daß hereingehe das gerechte Volk, das den Glauben bewahrt!

3 Du erhältst stets Frieden nach gewisser Zusage; denn man verläßt sich auf dich.

4 Verlasset euch auf den HERRN ewiglich; denn Gott der HERR ist ein Fels ewiglich.

5 Und er bewegt die, so in der Höhe wohnen; die hohe Stadt erniedrigt er, ja er stößt sie zur Erde, daß sie im Staube liegt,

6 daß sie mit Füßen zertreten wird, ja mit Füßen der Armen, mit Fersen der Geringen.

7 Aber des Gerechten Weg ist schlicht; den Steig des Gerechten machst du richtig.

8 Denn wir warten auf dich, HERR, im Wege deiner Rechte; des Herzens Lust steht zu deinem Namen und deinem Gedächtnis.

9 Von Herzen begehre ich dein des Nachts; dazu mit meinem Geist in mir wache ich früh zu dir. Denn wo dein Recht im Lande geht, so lernen die Bewohner des Erdbodens Gerechtigkeit.

10 Aber wenn den Gottlosen Gnade widerfährt, so lernen sie nicht Gerechtigkeit, sondern tun nur übel im richtigen Lande, denn sie sehen des HERRN Herrlichkeit nicht.

11 HERR, deine Hand ist erhöht; das sehen sie nicht. Wenn sie aber sehen werden den Eifer um dein Volk, so werden sie zu Schanden werden; dazu wirst du sie mit Feuer, damit du deine Feinde verzehrst, verzehren.

12 Aber uns, HERR, wirst du Frieden schaffen; denn alles, was wir ausrichten, das hast du uns gegeben.

13 HERR, unser Gott, es herrschen wohl andere Herren über uns denn du; aber wir gedenken doch allein dein und deines Namens.

14 Die Toten werden nicht lebendig, die Verstorbenen stehen nicht auf; denn du hast sie heimgesucht und vertilgt, und zunichte gemacht all ihr Gedächtnis.

15 Aber du, HERR, fährst fort unter den Heiden, du fährst immer fort unter den Heiden, beweisest deine Herrlichkeit und kommst ferne bis an der Welt Enden.

16 HERR, wenn Trübsal da ist, so sucht man dich; wenn du sie züchtigst, so rufen sie ängstlich.

17 Gleichwie eine Schwangere, wenn sie bald gebären soll, sich ängstet und schreit in ihren Schmerzen: so geht's auch, HERR, vor deinem Angesicht.

18 Da sind wir auch schwanger und ist uns

bange, daß wir kaum Odem holen; doch können wir dem Lande nicht helfen, und Einwohner auf dem Erdboden wollen nicht geboren werden.

19 Aber deine Toten werden leben, meine Leichname werden auferstehen. Wachet auf und rühmet, die ihr liegt unter der Erde! Denn dein Tau ist ein Tau des grünen Feldes; aber das Land der Toten wirst du stürzen.

20 Gehe hin, mein Volk, in deine Kammer und schließ die Tür nach dir zu; verbirg dich einen kleinen Augenblick, bis der Zorn vorübergehe.

21 Denn siehe, der HERR wird ausgehen von seinem Ort, heimzusuchen die Bosheit der Einwohner des Landes über sie, daß das Land wird offenbaren ihr Blut und nicht weiter verhehlen, die darin erwürgt sind.

27. Kapitel

Demütigung der Weltmächte; Israels Sammlung.

1 Zu der Zeit wird der HERR heimsuchen mit seinem harten, großen und starken Schwert beide, den Leviathan, der eine flüchtige Schlange, und den Leviathan, der eine gewundene Schlange ist, und wird den Drachen im Meer erwürgen.

2 Zu der Zeit wird man singen von dem Weinberge des besten Weins:

3 Ich, der HERR, behüte ihn und feuchte ihn

bald, daß man seine Blätter nicht vermisse; ich will ihn Tag und Nacht behüten.

4 Gott zürnt nicht mit mir. Ach, daß ich möchte mit den Hecken und Dornen kriegen! so wollte ich unter sie fallen und sie auf einen Haufen anstecken.

5 Er wird mich erhalten bei meiner Kraft und wird mir Frieden schaffen; Frieden wird er mir dennoch schaffen.

6 Es wird dennoch dazu kommen, daß Jakob wurzeln und Israel blühen und grünen wird, daß sie den Erdboden mit Früchten erfüllen.

7 Wird er doch nicht geschlagen, wie seine Feinde geschlagen werden, und wird nicht erwürgt, wie seine Feinde erwürgt werden;

8 sondern mit Maßen richtest du sie und lässest sie los, wenn du sie betrübt hast mit deinem rauhen Sturm am Tage des Ostwinds.

9 Darum wird dadurch die Sünde Jakobs versöhnt werden; und der Nutzen davon, daß seine Sünden weggenommen werden, ist der, daß er alle Altarsteine macht wie zerstoßene Kalksteine, daß keine Ascherabilder noch Sonnensäulen mehr bleiben.

10 Denn die feste Stadt muß einsam werden, die schönen Häuser verödet und verlassen werden wie eine Wüste, daß Kälber daselbst weiden und ruhen und daselbst Reiser abfressen.

11 Ihre Zweige werden vor Dürre brechen, daß die Weiber kommen und Feuer damit machen

werden; denn es ist ein unverständiges Volk. Darum wird sich auch ihrer nicht erbarmen, der sie gemacht hat; und der sie geschaffen hat, wird ihnen nicht gnädig sein.

12 Zu der Zeit wird der HERR worfeln (9) von dem Ufer des Stromes bis an den Bach Ägyptens; und ihr, Kinder Israel, werdet versammelt werden, einer nach dem andern.

13 Zu der Zeit wird man mit einer großen Posaune blasen; so werden kommen die Verlorenen im Lande Assur und die Verstoßenen im Lande Ägypten und werden den HERRN anbeten auf dem heiligen Berge zu Jerusalem.

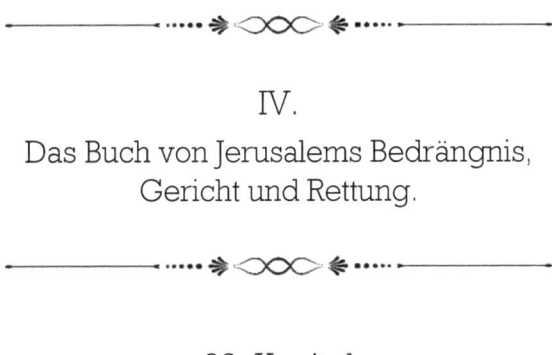

IV.

Das Buch von Jerusalems Bedrängnis, Gericht und Rettung.

28. Kapitel

Gerichte über Ephraim und Juda.
Der köstliche Eckstein.

1 Weh der prächtigen Krone der Trunkenen von Ephraim, der welken Blume ihrer lieblichen

Herrlichkeit, welche steht oben über einem fetten Tal derer, die vom Wein taumeln!

2 Siehe, ein Starker und Mächtiger vom HERRN wie ein Hagelsturm, wie ein schädliches Wetter, wie ein Wassersturm, der mächtig einreißt, wirft sie zu Boden mit Gewalt,

3 daß die prächtige Krone der Trunkenen von Ephraim mit Füßen zertreten wird.

4 Und die welke Blume ihrer lieblichen Herrlichkeit, welche steht oben über einem fetten Tal, wird sein gleichwie die Frühfeige vor dem Sommer, welche einer ersieht und flugs aus der Hand verschlingt.

5 Zu der Zeit wird der HERR Zebaoth sein eine liebliche Krone und ein herrlicher Kranz den Übriggebliebenen seines Volks

6 und ein Geist des Rechts dem, der zu Gericht sitzt, und eine Stärke denen, die den Streit zurücktreiben zum Tor.

7 Aber auch diese sind vom Wein toll geworden und taumeln von starkem Getränk. Beide, Priester und Propheten, sind toll von starkem Getränk, sind in Wein ersoffen und taumeln von starkem Getränk; sie sind toll beim Weissagen und wanken beim Rechtsprechen.

8 Denn alle Tische sind voll Speiens und Unflats an allen Orten.

9 "Wen, sagen sie, will er denn lehren Erkenntnis? wem will er zu verstehen geben die Predigt? Den Entwöhnten von der Milch, denen, die von Brüsten abgesetzt sind?

10 Gebeut hin, gebeut her; tue dies, tue das; harre hier, harre da; warte hier, warte da; hier ein wenig, da ein wenig!"

11 Wohlan, er wird einmal mit unverständlichen Lippen und mit einer andern Zunge reden zu diesem Volk, welchem jetzt dies gepredigt wird:

12 "So hat man Ruhe, so erquickt man die Müden, so wird man still"; und sie wollen doch solche Predigt nicht.

13 Darum soll ihnen auch des HERRN Wort eben also werden: Gebeut hin, gebeut her; tut dies, tut das; harre hier, harre da; warte hier, warte da; hier ein wenig, da ein wenig, daß sie hingehen und zurückfallen, zerbrechen, verstrickt und gefangen werden.

14 So höret nun des HERRN Wort, ihr Spötter, die ihr herrschet über dies Volk, das zu Jerusalem ist.

15 Denn ihr sprecht: Wir haben mit dem Tod einen Bund und mit der Hölle einen Vertag gemacht; wenn eine Flut dahergeht, wird sie uns nicht treffen; denn wir haben die Lüge zu unsrer Zuflucht und Heuchelei zu unserm Schirm gemacht.

16 Darum spricht der HERR HERR: Siehe, ich lege in Zion einen Grundstein, einen bewährten Stein, einen köstlichen Eckstein, der wohl gegründet ist. Wer glaubt, der flieht nicht.

17 Und ich will das Recht zur Richtschnur und die Gerechtigkeit zum Gericht machen; so wird

der Hagel die falsche Zuflucht wegtreiben, und Wasser sollen den Schirm wegschwemmen,

18 daß euer Bund mit dem Tode los werde und euer Vertrag mit der Hölle nicht bestehe. Und wenn eine Flut dahergeht, wird sie euch zertreten; sobald sie dahergeht, wird sie euch wegnehmen.

19 Kommt sie des Morgens, so geschieht's des Morgens; also auch, sie komme des Tags oder des Nachts. Denn allein die Anfechtung lehrt aufs Wort merken.

20 Denn das Bett ist so eng, daß nichts übrig ist, und die Decke so kurz, daß man sich drein schmiegen muß.

21 Denn der HERR wird sich aufmachen wie auf dem Berge Perazim und zürnen wie im Tal Gibeon, daß er sein Werk vollbringe auf eine fremde Weise und daß er seine Arbeit tue auf seltsame Weise.

22 So lasset nun euer Spotten, auf daß eure Bande nicht härter werden; denn ich habe ein Verderben gehört, das vom HERRN HERRN Zebaoth beschlossen ist über alle Welt.

23 Nehmet zu Ohren und höret meine Stimme; merket auf und höret meine Rede:

24 Pflügt zur Saat oder bracht oder eggt auch ein Ackermann seinen Acker immerdar?

25 Ist's nicht also: wenn er's gleich gemacht hat, so streut er Wicken und wirft Kümmel und sät Weizen und Gerste, jegliches, wohin er's haben will, und Spelt an seinen Ort?

26 Also unterwies ihn sein Gott zum Rechten und lehrte ihn.

27 Denn man drischt die Wicken nicht mit Dreschwagen, so läßt man auch nicht das Wagenrad über den Kümmel gehen; sondern die Wicken schlägt man aus mit einem Stabe und den Kümmel mit einem Stecken.

28 Man mahlt es, daß es Brot werde, und drischt es nicht gar zunichte, wenn man's mit Wagenrädern und Pferden ausdrischt.

29 Solches geschieht auch vom HERRN Zebaoth; denn sein Rat ist wunderbar, und er führt es herrlich hinaus.

29. Kapitel

Jerusalem wird geängstet, das Volk verblendet und dennoch wunderbar gerettet werden.

1 Weh Ariel, Ariel, du Stadt des Lagers Davids! Füget Jahr zu Jahr und feiert die Feste;

2 dann will ich den Ariel ängsten, daß er traurig und voll Jammers sei; und er soll mir ein rechter Ariel (10) sein.

3 Denn ich will dich belagern ringsumher und will dich ängsten mit Bollwerk und will Wälle um dich aufführen lassen.

4 Alsdann sollst du erniedrigt werden und aus der Erde reden und aus dem Staube mit deiner Rede murmeln, daß deine Stimme sei wie eines

Zauberers aus der Erde und deine Rede aus dem Staube wispele.

5 Aber die Menge deiner Feinde soll werden wie dünner Staub und die Menge der Tyrannen wie wehende Spreu; und das soll plötzlich unversehens geschehen.

6 Denn vom HERRN Zebaoth wird Heimsuchung geschehen mit Wetter und Erdbeben und großem Donner, mit Windwirbel und Ungewitter und mit Flammen des verzehrenden Feuers.

7 Und wie ein Nachtgesicht im Traum, so soll sein die Menge aller Heiden, die wider Ariel streiten, samt allem Heer und Bollwerk, und die ihn ängsten.

8 Denn gleichwie einem Hungrigen träumt, daß er esse, wenn er aber aufwacht, so ist seine Seele noch leer; und wie einem Durstigen träumt, daß er trinke, wenn er aber aufwacht, ist er matt und durstig: also soll sein die Menge aller Heiden, die wider den Berg Zion streiten.

9 Erstarret und werdet bestürzt, verblendet euch und werdet blind! Werdet trunken, doch nicht vom Wein, taumelt, doch nicht von starkem Getränk!

10 Denn der HERR hat euch einen Geist des harten Schlafs eingeschenkt und eure Augen zugetan; eure Propheten und Fürsten samt den Sehern hat er verhüllt,

11 daß euch aller Propheten Gesichte sein werden wie die Worte eines versiegelten

Buches, welches man gäbe einem, der lesen kann, und spräche: Lies doch das! und er spräche: Ich kann nicht, denn es ist versiegelt;

12 oder gleich als wenn man's gäbe dem, der nicht lesen kann, und spräche: Lies doch das! und er spräche: Ich kann nicht lesen.

13 Und der HERR spricht: Darum, daß dies Volk zu mir naht mit seinem Munde und mit seinen Lippen mich ehrt, aber ihr Herz fern von mir ist und sie mich fürchten nach Menschengeboten, die sie lehren:

14 so will ich auch mit diesem Volk wunderlich umgehen, aufs wunderlichste und seltsamste, daß die Weisheit seiner Weisen untergehe und der Verstand seiner Klugen verblendet werde.

15 Weh, die verborgen sein wollen vor dem HERRN, ihr Vornehmen zu verhehlen, und ihr Tun im Finstern halten und sprechen: Wer sieht uns, und wer kennt uns?

16 Wie seid ihr so verkehrt! Gleich als wenn des Töpfers Ton gedächte und ein Werk spräche von seinem Meister: Er hat mich nicht gemacht! und ein Gemächte spräche von seinem Töpfer: Er kennt mich nicht!

17 Wohlan, es ist noch um ein klein wenig zu tun, so soll der Libanon ein Feld werden, und das Feld soll wie ein Wald geachtet werden.

18 Und zu derselben Zeit werden die Tauben hören die Worte des Buches, und die Augen der Blinden werden aus Dunkel und Finsternis sehen,

19 und die Elenden werden wieder Freude haben am HERRN, und die Armen unter den Menschen werden fröhlich sein in dem Heiligen Israels,

20 wenn die Tyrannen ein Ende haben und es mit den Spöttern aus sein wird und vertilgt sein werden alle die, so wachen, Mühsal anzurichten,

21 welche die Leute sündigen machen durchs Predigen und stellen dem nach, der sie straft im Tor, und stürzen durch Lügen den Gerechten.

22 Darum spricht der HERR, der Abraham erlöst hat, zum Hause Jakob also: Jakob soll nicht mehr zu Schanden werden, und sein Antlitz soll sich nicht mehr schämen.

23 Denn wenn sie sehen werden ihre Kinder, die Werke meiner Hände unter ihnen, werden sie meinen Namen heiligen und werden den Heiligen in Jakob heiligen und den Gott Israels fürchten.

24 Denn die, so irrigen Geist haben, werden Verstand annehmen, und die Schwätzer werden sich lehren lassen.

30. Kapitel

Wehe denen, die sich zu Ägypten flüchten!
Wohl denen, die auf des Herrn Stärke trauen!

1 Weh den abtrünnigen Kindern, spricht der HERR, die ohne mich ratschlagen und ohne

meinen Geist Schutz suchen, zu Häufen eine Sünde über die andere;

2 die hinabziehen nach Ägypten und fragen meinen Mund nicht, daß sie sich stärken mit der Macht Pharaos und sich beschirmen unter dem Schatten Ägyptens!

3 Denn es soll euch die Stärke Pharaos zur Schande geraten und der Schutz unter dem Schatten Ägyptens zum Hohn.

4 Ihre Fürsten sind wohl zu Zoan gewesen und ihre Botschafter gen Hanes gekommen;

5 aber sie müssen doch alle zu Schanden werden über dem Volk, das ihnen nicht nütze sein kann, weder zur Hilfe noch sonst zu Nutz, sondern nur zu Schande und Spott.

6 Dies ist die Last über die Tiere, so gegen Mittag ziehen, da Löwen und Löwinnen sind, ja Ottern und feurige fliegende Drachen im Lande der Trübsal und Angst. Sie führen ihr Gut auf der Füllen Rücken und ihre Schätze auf der Kamele Höcker zu dem Volk, das ihnen nicht nütze sein kann.

7 Denn Ägypten ist nichts, und ihr Helfen ist vergeblich. Darum sage ich von Ägypten also: Die Rahab wird still dazu sitzen.

8 So gehe nun hin und schreib es ihnen vor auf eine Tafel und zeichne es in ein Buch, daß es bleibe für und für ewiglich.

9 Denn es ist ein ungehorsames Volk und verlogene Kinder, die nicht hören wollen des HERRN Gesetz,

10 sondern sagen zu den Sehern: Ihr sollt nichts sehen! und zu den Schauern: Ihr sollt uns nicht schauen die rechte Lehre; prediget uns aber sanft, schauet uns Täuscherei;

11 weichet vom Wege, gehet aus der Bahn; lasset den Heiligen Israels aufhören bei uns!

12 Darum spricht der Heilige Israels also: Weil ihr dies Wort verwerft und verlaßt euch auf Frevel und Mutwillen und trotzt darauf,

13 so soll euch solche Untugend sein wie ein Riß an einer hohen Mauer, wenn es beginnt zu rieseln, die plötzlich unversehens einfällt und zerschmettert,

14 wie wenn ein Topf zerschmettert würde, den man zerstößt und nicht schont, also daß man von seinen Stücken nicht eine Scherbe findet, darin man Feuer hole vom Herd oder Wasser schöpfe aus einem Brunnen.

15 Denn so spricht der HERR HERR, der Heilige in Israel: Wenn ihr umkehrtet und stillebliebet, so würde euch geholfen; durch Stillesein und Hoffen würdet ihr stark sein. Aber ihr wollt nicht

16 und sprecht: "Nein, sondern auf Rossen wollen wir fliehen", darum werdet ihr flüchtig sein, "und auf Rennern wollen wir reiten", darum werden euch eure Verfolger übereilen.

17 Denn euer tausend werden fliehen vor eines einzigen Schelten; ja vor fünfen werdet ihr alle fliehen, bis daß ihr übrigbleibet wie ein Mastbaum oben auf einem Berge und wie ein Panier oben auf einem Hügel.

18 Darum harret der HERR, daß er euch gnädig sei, und hat sich aufgemacht, daß er sich euer erbarme; denn der HERR ist ein Gott des Gerichts. Wohl allen, die sein harren!

19 Denn das Volk Zions wird zu Jerusalem wohnen. Du wirst nicht weinen: er wird dir gnädig sein, wenn du rufst; er wird dir antworten, sobald er's hört.

20 Und der HERR wird euch in Trübsal Brot und in Ängsten Wasser geben. Und deine Lehrer werden sich nicht mehr verbergen müssen; sondern deine Augen werden deine Lehrer sehen,

21 und deine Ohren werden hören hinter dir her das Wort sagen also: dies ist der Weg; den gehet, sonst weder zur Rechten noch zur Linken!

22 Und ihr werdet entweihen eure übersilberten Götzen und die goldenen Kleider eurer Bilder und werdet sie wegwerfen wie einen Unflat und zu ihnen sagen: Hinaus!

23 So wird er deinen Samen, den du auf den Acker gesät hast, Regen geben und Brot von des Ackers Ertrag, und desselben volle Genüge. Und dein Vieh wird zu der Zeit weiden in einer weiten Aue.

24 Die Ochsen und Füllen, so den Acker bauen, werden gemengtes Futter essen, welches geworfelt ist mit der Wurfschaufel und Wanne.

25 Und es werden auf allen großen Bergen und auf allen großen Hügeln zerteilte Wasserströme

gehen zur Zeit der großen Schlacht, wenn die Türme fallen werden.

26 Und des Mondes Schein wird sein wie der Sonne Schein, und der Sonne Schein wird siebenmal heller sein denn jetzt, zu der Zeit, wenn der HERR den Schaden seines Volks verbinden und seine Wunden heilen wird.

27 Siehe, des HERRN Name kommt von fern! Sein Zorn brennt und ist sehr schwer; seine Lippen sind voll Grimm und seine Zunge wie ein verzehrend Feuer,

28 und sein Odem wie eine Wasserflut, die bis an den Hals reicht: zu zerstreuen die Heiden, bis sie zunichte werden, und er wird die Völker mit einem Zaum in ihren Backen hin und her treiben.

29 Da werdet ihr singen wie in der Nacht eines heiligen Festes und euch von Herzen freuen, wie wenn man mit Flötenspiel geht zum Berge des HERRN, zum Hort Israels.

30 Und der HERR wird seine herrliche Stimme erschallen lassen, daß man sehe seinen ausgereckten Arm mit zornigem Dräuen und mit Flammen des verzehrenden Feuers, mit Wetterstrahlen, mit starkem Regen und mit Hagel.

31 Denn Assur wird erschrecken vor der Stimme des HERRN, der ihn mit der Rute schlägt.

32 Und es wird die Rute ganz durchdringen und wohl treffen, wenn sie der HERR über ihn führen wird mit Pauken und Harfen, und allenthalben wider sie streiten.

33 Denn die Grube ist von gestern her zugerichtet; ja sie ist auch dem König bereitet, tief und weit genug; der Scheiterhaufen darin hat Feuer und Holz die Menge. Der Odem des HERRN wird ihn anzünden wie ein Schwefelstrom.

31. Kapitel

*Nichtige Hilfe der Ägypter.
Göttlicher Sieg wider die Assyrer.*

1 Weh denen, die hinabziehen nach Ägypten um Hilfe und verlassen sich auf Rosse und hoffen auf Wagen, daß ihrer viel sind, und auf Reiter, darum daß sie sehr stark sind, und halten sich nicht zum Heiligen in Israel und fragen nichts nach dem HERRN!
2 Er aber ist weise und bringt Unglück herzu und wendet seine Worte nicht, sondern wird sich aufmachen wider das Haus der Bösen und wider die Hilfe der Übeltäter.
3 Denn Ägypten ist Mensch und nicht Gott, und ihre Rosse sind Fleisch und nicht Geist. Und der HERR wird seine Hand ausrecken, daß der Helfer strauchle und der, dem geholfen wird, falle und alle miteinander umkommen.
4 Denn so spricht der HERR zu mir: Gleichwie ein Löwe und ein junger Löwe brüllt über seinen Raub, wenn der Hirten Menge ihn anschreit, so

erschrickt er vor ihrem Geschrei nicht und ist ihm auch nicht leid vor ihrer Menge: also wird der HERR Zebaoth herniederfahren, zu streiten auf dem Berge Zion und auf seinem Hügel.

5 Und der HERR Zebaoth wird Jerusalem beschirmen, wie die Vögel tun mit Flügeln, schützen, erretten, darin umgehen und aushelfen.

6 Kehret um, ihr Kinder Israel, zu dem, von welchem ihr sehr abgewichen seid!

7 Denn zu der Zeit wird ein jeglicher seine silbernen und goldenen Götzen verwerfen, welche euch eure Hände gemacht hatten zur Sünde.

8 Und Assur soll fallen, nicht durch Mannes-Schwert, und soll verzehrt werden, nicht durch Menschen-Schwert, und wird doch vor dem Schwert fliehen, und seine junge Mannschaft wird zinsbar werden.

9 Und sein Fels wird vor Furcht wegziehen, und seine Fürsten werden vor dem Panier die Flucht geben, spricht der HERR, der zu Zion Feuer und zu Jerusalem einen Herd hat.

32. Kapitel

Glücklicher Zustand des Volkes Gottes unter einem gerechten König nach vorhergegangenen Gerichten.

1 Siehe, es wird ein König regieren, Gerechtigkeit anzurichten, und Fürsten werden herrschen, das Recht zu handhaben,

2 daß ein jeglicher unter ihnen sein wird wie eine Zuflucht vor dem Wind und wie ein Schirm vor dem Platzregen, wie die Wasserbäche am dürren Ort, wie der Schatten eines großen Felsen im trockenen Lande.

3 Und der Sehenden Augen werden sich nicht blenden lassen, und die Ohren der Zuhörer werden aufmerken,

4 und die Unvorsichtigen werden Klugheit lernen, und der Stammelnden Zunge wird fertig und reinlich reden.

5 Es wird nicht mehr ein Narr Fürst heißen noch ein Geiziger Herr genannt werden.

6 Denn ein Narr redet von Narrheit, und sein Herz geht mit Unglück um, daß er Heuchelei anrichte und predige vom HERRN Irrsal, damit er die hungrigen Seelen aushungere und den Durstigen das Trinken wehre.

7 Und des Geizigen Regieren ist eitel Schaden; denn er erfindet Tücke, zu verderben die Elenden mit falschen Worten, wenn er des Armen Recht reden soll.

8 Aber die Fürsten werden fürstliche Gedanken haben und darüber halten.

9 Stehet auf, ihr stolzen Frauen, höret meine Stimme! ihr Töchter, die ihr so sicher seid, nehmt zu Ohren meine Rede!

10 Es ist um Jahr und Tag zu tun, so werdet ihr Sicheren zittern; denn es wird keine Weinernte, so wird auch kein Lesen werden.

11 Erschreckt, ihr stolzen Frauen, zittert, ihr Sicheren! es ist vorhanden Ausziehen, Blößen und Gürten um die Lenden.

12 Man wird klagen um die Äcker, ja um die lieblichen Äcker, um die fruchtbaren Weinstöcke.

13 Denn es werden auf dem Acker meines Volkes Dornen und Hecken wachsen, dazu über allen Häusern der Freude in der fröhlichen Stadt.

14 Denn die Paläste werden verlassen sein und die Stadt, die voll Getümmel war, einsam sein, daß die Türme und Festen ewige Höhlen werden und dem Wild zur Freude, den Herden zur Weide,

15 bis so lange, daß über uns ausgegossen wird der Geist aus der Höhe. So wird dann die Wüste zum Acker werden und der Acker wie ein Wald geachtet werden.

16 Und das Recht wird in der Wüste wohnen und Gerechtigkeit auf dem Acker hausen,

17 und der Gerechtigkeit Frucht wird Friede sein, und der Gerechtigkeit Nutzen wird ewige Stille und Sicherheit sein,

18 daß mein Volk in Häusern des Friedens wohnen wird, in sicheren Wohnungen und in stolzer Ruhe.

19 Aber Hagel wird sein den Wald hinab, und die Stadt danieden wird niedrig sein.

20 Wohl euch, die ihr säet allenthalben an den Wassern und die Füße der Ochsen und Esel frei gehen lasset!

33. Kapitel

Dem klagenden Volk Gottes wird der Untergang der Feinde verheißen, den Sündern zum Schrecken, der Gläubigen Gemeinde zur Freude.

1 Weh aber dir, du Verstörer! Meinst du, du wirst nicht verstört werden? Und du Räuber? meinst du man werde dich nicht berauben? Wenn du das Verstören vollendet hast, so wirst du auch verstört werden; wenn du des Raubens ein Ende gemacht hast, so wird man dich wieder berauben.

2 HERR, sei uns gnädig, denn auf dich harren wir; sei ihr Arm alle Morgen, dazu unser Heil zur Zeit der Trübsal!

3 Laß fliehen die Völker vor dem großen Getümmel und die Heiden zerstreut werden, wenn du dich erhebst.

4 Da wird man euch aufraffen wie einen Raub, wie man die Heuschrecken aufrafft und wie die

Käfer zerscheucht werden, wenn man sie überfällt.

5 Der HERR ist erhaben; denn er wohnt in der Höhe. Er hat Zion voll Gericht und Gerechtigkeit gemacht.

6 Und es wird zu deiner Zeit Glaube sein, Reichtum an Heil, Weisheit und Klugheit; die Furcht des HERRN wird sein Schatz sein.

7 Siehe, ihre Helden schreien draußen, die Boten des Friedens weinen bitterlich.

8 Die Steige ist wüst; es geht niemand mehr auf der Straße. Er hält weder Treue noch Glauben; er verwirft die Städte und achtet der Leute nicht.

9 Das Land liegt kläglich und jämmerlich, der Libanon steht schändlich zerhauen, und Saron ist wie eine Wüste, und Basan und Karmel ist öde.

10 Nun will ich mich aufmachen, spricht der HERR; nun will ich mich emporrichten, nun will ich mich erheben.

11 Mit Stroh gehet ihr schwanger, Stoppeln gebäret ihr; Feuer wird euch mit eurem Mut verzehren.

12 Und die Völker werden zu Kalk verbrannt werden, wie man abgehauene Dornen mit Feuer ansteckt.

13 So höret nun ihr, die ihr ferne seid, was ich getan habe; und die ihr nahe seid, merket meine Stärke.

14 Die Sünder zu Zion sind erschrocken, Zittern ist die Heuchler angekommen und sie sprechen: Wer ist unter uns, der bei einem verzehrenden

Feuer wohnen möge? wer ist unter uns, der bei der ewigen Glut wohne?

15 Wer in Gerechtigkeit wandelt und redet, was recht ist; wer Unrecht haßt samt dem Geiz und seine Hände abzieht, daß er nicht Geschenke nehme; wer seine Ohren zustopft, daß er nicht Blutschulden höre, und seine Augen zuhält, daß er nichts Arges sehe:

16 der wird in der Höhe wohnen, und Felsen werden seine Feste und Schutz sein. Sein Brot wird ihm gegeben, sein Wasser hat er gewiß.

17 Deine Augen werden den König sehen in seiner Schöne; du wirst das Land erweitert sehen,

18 daß sich dein Herz sehr verwundern wird und sagen: Wo sind nun die Schreiber? Wo sind die Vögte? wo sind die, so die Türme zählten?

19 Du wirst das starke Volk nicht mehr sehen, das Volk von tiefer Sprache, die man nicht vernehmen kann, und von undeutlicher Zunge, die man nicht verstehen kann.

20 Schaue Zion, die Stadt unsrer Feste! Deine Augen werden Jerusalem sehen, eine sichere Wohnung, eine Hütte, die nicht weggeführt wird; ihre Nägel sollen nimmermehr ausgezogen und ihre Seile sollen nimmermehr zerrissen werden.

21 Denn der HERR wird mächtig daselbst bei uns sein, gleich als wären da weite Wassergräben, darüber kein Schiff mit Rudern fahren noch Galeeren schiffen können.

22 Denn der HERR ist unser Richter, der HERR ist unser Meister, der HERR ist unser König; der hilft uns!

23 Laßt sie ihre Stricke spannen, sie werden doch nicht halten; also werden sie auch das Fähnlein nicht auf den Mastbaum ausstecken. Dann wird viel köstlicher Raub ausgeteilt werden, also daß auch die Lahmen rauben werden.

24 Und kein Einwohner wird sagen: Ich bin schwach. Denn das Volk, das darin wohnt, wird Vergebung der Sünde haben.

34. Kapitel

Strafgericht Gottes über alle Feinde seines Volks, besonders Edom.

1 Kommt herzu, ihr Heiden, und höret, ihr Völker, merkt auf! Die Erde höre zu und was darinnen ist, der Weltkreis samt seinem Gewächs!

2 Denn der HERR ist zornig über alle Heiden und grimmig über all ihr Heer. Er wird sie verbannen und zum Schlachten überantworten.

3 Und ihre Erschlagenen werden hingeworfen werden, daß der Gestank von ihren Leichnamen aufgehen wird und die Berge von ihrem Blut fließen.

4 Und wird alles Heer des Himmels verfaulen, und der Himmel wird zusammengerollt werden wie ein Buch, und all sein Heer wird verwelken, wie ein Blatt verwelkt am Weinstock und wie ein dürres Blatt am Feigenbaum.

5 Denn mein Schwert ist trunken im Himmel; und siehe, es wird herniederfahren auf Edom und über das verbannte Volk zur Strafe.

6 Des HERRN Schwert ist voll Blut und dick von Fett, vom Blut der Lämmer und Böcke, von der Nieren Fett aus den Widdern; denn der HERR hält ein Schlachten zu Bozra und ein großes Würgen im Lande Edom.

7 Da werden die Einhörner samt ihnen herunter müssen und die Farren samt den gemästeten Ochsen. Denn ihr Land wird trunken werden von Blut und ihre Erde dick werden von Fett.

8 Denn das ist der Tag der Rache des HERRN und das Jahr der Vergeltung, zu rächen Zion.

9 Da werden Edoms Bäche zu Pech werden und seine Erde zu Schwefel; ja sein Land wird zu brennendem Pech werden,

10 das weder Jahr noch Tag verlöschen wird, sondern ewiglich wird Rauch von ihm aufgehen; und es wird für und für wüst sein, daß niemand dadurchgehen wird in Ewigkeit;

11 sondern Rohrdommeln und Igel werden's innehaben, Nachteulen und Raben werden daselbst wohnen. Denn er wird eine Meßschnur darüber ziehen, daß es wüst werde, und ein Richtblei, daß es öde sei,

12 daß seine Herren heißen müssen Herren ohne Land und alle seine Fürsten ein Ende haben;

13 und werden Dornen wachsen in seinen Palästen, Nesseln und Disteln in seinen Schlössern; und es wird eine Behausung sein der Schakale und Weide für die Strauße.

14 Da werden untereinander laufen Wüstentiere und wilde Hunde, und ein Feldteufel wird dem andern begegnen; der Kobold wird auch daselbst herbergen und seine Ruhe daselbst finden.

15 Die Natter wird auch daselbst nisten und legen, brüten und aushecken unter seinem Schatten; auch werden die Weihen daselbst zusammenkommen.

16 Suchet nun in dem Buch des HERRN und leset! es wird nicht an einem derselben fehlen; man vermißt auch nicht dies noch das. Denn er ist's, der durch meinen Mund gebeut, und sein Geist ist's, der es zusammenbringt.

17 Er wirft das Los für sie, und seine Hand teilt das Maß aus unter sie, daß sie darin erben ewiglich und darin bleiben für und für.

35. Kapitel

Herrlicher Zustand des Volks Gottes nach überstandenen Leiden.

1 Aber die Wüste und Einöde wird lustig sein, und das dürre Land wird fröhlich stehen und wird blühen wie die Lilien.

2 Sie wird blühen und fröhlich stehen in aller Lust und Freude. Denn die Herrlichkeit des Libanon ist ihr gegeben, der Schmuck Karmels und Sarons. Sie sehen die Herrlichkeit des HERRN, den Schmuck unseres Gottes.

3 Stärkt die müden Hände und erquickt die strauchelnden Kniee!

4 Saget den verzagten Herzen: Seid getrost, fürchtet euch nicht! Sehet, euer Gott, der kommt zur Rache; Gott, der da vergilt, kommt und wird euch helfen.

5 Alsdann werden der Blinden Augen aufgetan werden, und der Tauben Ohren geöffnet werden;

6 alsdann werden die Lahmen springen wie ein Hirsch, und der Stummen Zunge wird Lob sagen. Denn es werden Wasser in der Wüste hin und wieder fließen und Ströme im dürren Lande.

7 Und wo es zuvor trocken gewesen ist, sollen Teiche stehen; und wo es dürr gewesen ist, sollen Brunnquellen sein. Da zuvor die Schakale gelegen haben, soll Gras und Rohr und Schilf stehen.

8 Und es wird daselbst eine Bahn sein und ein Weg, welcher der heilige Weg heißen wird, daß kein Unreiner darauf gehen darf; und derselbe wird für sie sein, daß man darauf gehe, daß auch die Toren nicht irren mögen.

9 Es wird da kein Löwe sein, und wird kein reißendes Tier darauf treten noch daselbst gefunden werden; sondern man wird frei sicher daselbst gehen.

10 Die Erlösten des HERRN werden wiederkommen und gen Zion kommen mit Jauchzen; ewige Freude wird über ihrem Haupte sein; Freude und Wonne werden sie ergreifen, und Schmerz und Seufzen wird entfliehen.

V.

Anhang:
Geschichtliches
aus der Zeit des Königs Hiskia

36. Kapitel

Jerusalem von Sanherib belagert.

1 Und es begab sich im vierzehnten Jahr des Königs Hiskia, zog der König von Assyrien,

Sanherib, herauf wider alle festen Städte Juda's und gewann sie.

2 Und der König von Assyrien sandte den Erzschenken von Lachis gen Jerusalem zu dem König Hiskia mit großer Macht. Und er trat an die Wasserleitung des oberen Teichs, am Wege bei dem Acker des Walkmüllers.

3 Und es ging zu ihm heraus Eljakim, der Sohn Hilkias, der Hofmeister, und Sebna, der Schreiber, und Joah, der Sohn Asaphs, der Kanzler.

4 Und der Erzschenke (11) sprach zu ihnen: Sagt doch dem Hiskia: So spricht der große König, der König von Assyrien: Was ist das für ein Trotz, darauf du dich verlässest?

5 Ich achte, du lässest dich bereden, daß du noch Rat und Macht weißt, zu streiten. Auf wen verläßt du dich denn, daß du mir bist abfällig geworden?

6 Verläßt du dich auf den zerbrochenen Rohrstab Ägypten, welcher, so jemand sich darauf lehnt, geht er ihm in die Hand und durchbohrt sie? Also tut Pharao, der König von Ägypten, allen, die sich auf ihn verlassen.

7 Willst du mir aber sagen: Wir verlassen uns auf den HERRN, unsern Gott! ist's nicht der, dessen Höhen und Altäre Hiskia hat abgetan und hat zu Juda und Jerusalem gesagt: Vor diesem Altar sollt ihr anbeten?

8 Wohlan, so nimm's an mit meinem Herrn, dem König von Assyrien: ich will dir

zweitausend Rosse geben; laß sehen, ob du bei dir könntest ausrichten, die darauf reiten.

9 Wie willst du denn bleiben vor einem Hauptmann, der geringsten Diener einem meines Herrn? Und du verlässest dich auf Ägypten um der Wagen und Reiter willen.

10 Dazu, meinst du, daß ich ohne den HERRN bin heraufgezogen in dies Land, es zu verderben? Ja, der HERR sprach zu mir: Zieh hinauf in dies Land und verderbe es!

11 Aber Eljakim und Sebna und Joah sprachen zum Erzschenken: Rede doch mit deinen Knechten auf syrisch, denn wir verstehen es wohl, und rede nicht auf jüdisch mit uns vor den Ohren des Volkes, das auf der Mauer ist.

12 Da sprach der Erzschenke: Meinst du, daß mein Herr mich zu deinem Herrn oder zu dir gesandt habe, solche Worte zu reden, und nicht vielmehr zu den Männern, die auf der Mauer sitzen, daß sie samt euch ihren eigenen Mist fressen und ihren Harn saufen?

13 Und der Erzschenke stand und rief laut auf jüdisch und sprach: Höret die Worte des großen Königs, des Königs von Assyrien!

14 So spricht der König: Laßt euch Hiskia nicht betrügen; denn er kann euch nicht erretten.

15 Und laß euch Hiskia nicht vertrösten auf den HERRN, daß er sagt: Der HERR wird uns erretten, und diese Stadt wird nicht in die Hand des Königs von Assyrien gegeben werden.

16 Gehorchet Hiskia nicht! Denn so spricht der König von Assyrien: Tut mir zu Dank und geht zu mir heraus, so sollt ihr ein jeglicher von seinem Feigenbaum essen und aus seinem Brunnen trinken,

17 bis daß ich komme und hole euch in ein Land, wie euer Land ist, ein Land, darin Korn und Most ist, ein Land, darin Brot und Weinberge sind.

18 Laßt euch Hiskia nicht bereden, daß er sagt: Der HERR wird uns erlösen. Haben auch der Heiden Götter ein jeglicher sein Land errettet von der Hand des Königs von Assyrien?

19 Wo sind die Götter zu Hamath und Arpad? Wo sind die Götter Sepharvaims? Haben sie auch Samaria errettet von meiner Hand?

20 Welcher unter allen Göttern dieser Lande hat sein Land errettet von meiner Hand, daß der HERR sollte Jerusalem erretten von meiner Hand?

21 Sie schwiegen aber still und antworteten ihm nichts; denn der König hatte geboten und gesagt: Antwortet ihm nichts.

22 Da kamen Eljakim, der Sohn Hilkias, der Hofmeister, und Sebna, der Schreiber, und Joah, der Sohn Asaphs, der Kanzler, mit zerrissenen Kleidern zu Hiskia und zeigten ihm an die Worte des Erzschenken.

37. Kapitel

Sanheribs Macht wird auf das Gebet Hiskias in einer Nacht geschlagen.

1 Da aber der König Hiskia das hörte, zerriß er seine Kleider und hüllte einen Sack um sich und ging in das Haus des HERRN

2 und sandte Eljakim, den Hofmeister, und Sebna, den Schreiber, samt den Ältesten der Priester, mit Säcken umhüllt, zu dem Propheten Jesaja, dem Sohn des Amoz,

3 daß sie zu ihm sprächen: So spricht Hiskia: Das ist ein Tag der Trübsal, des Scheltens und Lästerns, und es geht, gleich als wenn die Kinder bis an die Geburt gekommen sind und ist keine Kraft da, zu gebären.

4 Daß doch der HERR, dein Gott, hören wollte die Worte des Erzschenken, welchen sein Herr, der König von Assyrien, gesandt hat, zu lästern den lebendigen Gott und zu schelten mit solchen Worten, wie der HERR, dein Gott, gehört hat! Und du wollest ein Gebet erheben für die übrigen, die noch vorhanden sind.

5 Und die Knechte des Königs Hiskia kamen zu Jesaja.

6 Jesaja aber sprach: So saget eurem Herrn: Der HERR spricht also: Fürchte dich nicht vor den Worten, die du gehört hast, mit welchen mich die Knechte des Königs von Assyrien geschmäht haben.

7 Siehe, ich will ihm einen anderen Mut machen, und er soll etwas hören, daß er wieder heimziehe in sein Land; und will ihn durchs Schwert fällen in seinem Lande.

8 Da aber der Erzschenke wiederkam, fand er den König von Assyrien streiten wider Libna; denn er hatte gehört, daß er gen Lachis gezogen war.

9 Und es kam ein Gerücht von Thirhaka, der Mohren König, sagend: Er ist ausgezogen, wider dich zu streiten.

10 Da er nun solches hörte, sandte er Boten zu Hiskia und ließ ihm sagen: Sagt Hiskia, dem König Juda's, also: Laß dich deinen Gott nicht betrügen, auf den du dich verläßt und sprichst: Jerusalem wird nicht in die Hand des Königs von Assyrien gegeben werden.

11 Siehe, du hast gehört, was die Könige von Assyrien getan haben allen Landen und sie verbannt; und du solltest errettet werden?

12 Haben auch die Götter der Heiden die Lande errettet, welche meine Väter verderbt haben, als Gosan, Haran, Rezeph und die Kinder Edens zu Thelassar?

13 Wo ist der König zu Hamath und der König zu Arpad und der König der Stadt Sepharvaim, Hena und Iwa?

14 Und da Hiskia den Brief von den Boten empfangen und gelesen hatte, ging er hinauf in das Haus des HERRN und breitete ihn aus vor dem HERRN.

15 Und Hiskia betete zum HERR und sprach:

16 HERR Zebaoth, du Gott Israels, der du allein über dem Cherubim sitzest, du bist allein Gott über alle Königreiche auf Erden, du hast Himmel und Erde gemacht.

17 HERR neige deine Ohren und höre doch; HERR, tue deine Augen auf und siehe doch; höre doch alle die Worte Sanheribs, die er gesandt hat, zu schmähen den lebendigen Gott.

18 Wahr ist es, HERR, die Könige von Assyrien haben wüst gemacht alle Königreiche samt ihren Landen

19 und haben ihre Götter ins Feuer geworfen; denn sie waren nicht Götter, sondern Werk von Menschenhänden, Holz und Stein. Die sind vertilgt.

20 Nun aber, HERR, unser Gott, hilf uns von seiner Hand, auf daß alle Königreiche auf Erden erfahren, daß du der HERR seist allein.

21 Das sandte Jesaja, der Sohn des Amoz, zu Hiskia und ließ ihm sagen: So spricht der HERR, der Gott Israels: Was du mich gebeten hast des Königs Sanherib halben von Assyrien,

22 so ist es das, was der HERR von ihm redet: Die Jungfrau Tochter Zion verachtet dich und spottet dein, und die Tochter Jerusalem schüttelt das Haupt dir nach.

23 Wen hast du geschmäht und gelästert? Über wen hast du die Stimme erhoben? Du hebst deine Augen empor wider den Heiligen in Israel.

24 Durch deine Knechte hast du den HERRN geschändet und sprichst: "Ich bin durch die Menge meiner Wagen heraufgezogen auf die Höhe der Berge, den innersten Libanon, und habe seine hohen Zedern abgehauen samt seinen auserwählten Tannen und bin bis zu seiner äußersten Höhe gekommen, an den Wald seines Baumgartens.

25 Ich habe gegraben und getrunken die Wasser und werde mit meinen Fußsohlen austrocknen alle Flüsse Ägyptens."

26 Hast du aber nicht gehört, daß ich solches lange zuvor getan habe und von Anfang habe ich's bereitet? Jetzt aber habe ich's kommen lassen, daß feste Städte zerstört werden zu Steinhaufen

27 und ihre Einwohner schwach und zaghaft werden und mit Schanden bestehen und werden wie das Feldgras und wie das grüne Kraut, wie Gras auf den Dächern, welches verdorrt, ehe es denn reif wird.

28 Ich kenne aber deine Wohnung, deinen Auszug und Einzug und dein Toben wider mich.

29 Weil du denn wider mich tobst und dein Stolz herauf vor meine Ohren gekommen ist, will ich dir einen Ring an die Nase legen und ein Gebiß in dein Maul und will dich des Weges wieder heimführen, den du gekommen bist.

30 Das sei dir aber ein Zeichen: Iß dies Jahr, was von selber wächst; das andere Jahr, was noch aus den Wurzeln wächst; im dritten Jahr

säet und erntet, pflanzt Weinberge und esset ihre Früchte.

31 Denn die Erretteten vom Hause Juda und die übrigbleiben, werden noch wiederum unter sich wurzeln und über sich Frucht tragen.

32 Denn von Jerusalem werden noch ausgehen, die übriggeblieben sind, und die Erretteten von Berge Zion. Solches wird tun der Eifer des HERRN Zebaoth.

33 Darum spricht der HERR also vom König von Assyrien: Er soll nicht kommen in diese Stadt und soll auch keinen Pfeil dahin schießen und mit keinem Schilde davor kommen und soll keinen Wall um sie schütten;

34 sondern des Weges, den er gekommen ist, soll er wieder heimkehren, daß er in diese Stadt nicht komme, spricht der HERR.

35 Denn ich will diese Stadt schützen, daß ich ihr aushelfe um meinetwillen und um meines Dieners David willen.

36 Da fuhr aus der Engel des HERRN und schlug im assyrischen Lager hundertfünfundachtzigtausend Mann. Und da sie sich des Morgens früh aufmachten, siehe, da lag's alles eitel tote Leichname.

37 Und der König von Assyrien, Sanherib, brach auf zog weg und kehrte wieder heim und blieb zu Ninive.

38 Und es begab sich auch, da er anbetete im Hause Nisrochs, seines Gottes, erschlugen ihn seine Söhne Adrammelech und Sarezer mit dem

Schwert, und sie flohen ins Land Ararat. Und sein Sohn Asar-Haddon ward König an seiner Statt.

38. Kapitel

*Hiskias tödliche Krankheit,
Genesung und Danklied.*

1 Zu der Zeit ward Hiskia todkrank. Und der Prophet Jesaja, der Sohn des Amoz, kam zu ihm und sprach zu ihm: So spricht der HERR: Bestelle dein Haus; denn du wirst sterben und nicht lebendig bleiben!

2 Da wandte Hiskia sein Angesicht zur Wand und betete zum HERRN

3 und sprach: Gedenke doch, HERR, wie ich vor dir gewandelt habe in der Wahrheit, mit vollkommenem Herzen, und habe getan, was dir gefallen hat. Und Hiskia weinte sehr.

4 Da geschah das Wort des HERRN zu Jesaja und sprach:

5 Gehe hin und sage Hiskia: So spricht der HERR, der Gott deines Vaters David: Ich habe dein Gebet gehört und deine Tränen gesehen. Siehe, ich will deinen Tagen noch fünfzehn Jahre zulegen

6 und will dich samt dieser Stadt erretten von der Hand des Königs von Assyrien; denn ich will diese Stadt wohl verteidigen.

7 Und habe dir das zum Zeichen von dem HERRN, daß der HERR solches tun wird, was er geredet hat:

8 Siehe, ich will den Schatten am Sonnenzeiger des Ahas zehn Stufen zurückziehen, über welche er gelaufen ist. Und die Sonne lief zehn Stufen zurück am Zeiger, über welche sie gelaufen war.

9 Dies ist die Schrift Hiskias, des Königs in Juda, da er krank gewesen und von der Krankheit geheilt worden war.

10 Ich sprach: Nun muß ich zu der Höllen Pforten fahren in der Mitte meines Lebens, da ich gedachte, noch länger zu leben.

11 Ich sprach: Nun werde ich nicht mehr sehen den HERRN, ja, den HERRN im Lande der Lebendigen; nun werde ich nicht mehr schauen die Menschen bei denen, die ihre Zeit leben.

12 Meine Zeit ist dahin und von mir weggetan wie eines Hirten Hütte. Ich reiße mein Leben ab wie ein Weber; er bricht mich ab wie einen dünnen Faden; du machst's mit mir ein Ende den Tag vor Abend.

13 Ich dachte: Möchte ich bis morgen Leben! Aber er zerbrach mir alle meine Gebeine wie ein Löwe; denn du machst es mit mir aus den Tag vor Abend.

14 Ich winselte wie ein Kranich und wie eine Schwalbe und girrte wie eine Taube; meine Augen wollten mir brechen: HERR, ich leide Not; lindere mir's!

15 Was soll ich reden? Er hat mir's zugesagt und hat's auch getan! Ich werde in Demut wandeln all meine Lebtage nach solcher Betrübnis meiner Seele.

16 HERR, davon lebt man, und das Leben meines Geistes steht ganz darin; denn du ließest mich wieder stark werden und machtest mich leben.

17 Siehe, um Trost war mir sehr bange. Du aber hast dich meiner Seele herzlich angenommen, daß sie nicht verdürbe; denn du wirfst alle meine Sünden hinter dich zurück.

18 Denn die Hölle lobt dich nicht; so rühmt dich der Tod nicht, und die in die Grube fahren, warten nicht auf deine Wahrheit;

19 sondern allein, die da leben, loben dich, wie ich jetzt tue. Der Vater wird den Kindern deine Wahrheit kundtun.

20 HERR, hilf mir, so wollen wir meine Lieder singen, solange wir leben, im Hause des HERRN!

21 Und Jesaja hieß, man sollte ein Pflaster von Feigen nehmen und auf seine Drüse legen, daß er gesund würde.

22 Hiskia aber sprach: Welch ein Zeichen ist das, daß ich hinauf zum Hause des HERRN soll gehen!

39. Kapitel

Der Eitelkeit des Hiskias wird Strafe angedroht.

1 Zu der Zeit sandte Merodach-Baladan, der Sohn Baladans, König zu Babel, Briefe und Geschenke an Hiskia; denn er hatte gehört, daß er krank gewesen und wieder stark geworden wäre.
2 Des freute sich Hiskia und zeigte ihnen das Schatzhaus, Silber und Gold und Spezerei, köstliche Salben und alle seine Zeughäuser und alle Schätze, die er hatte. Nichts war, das ihnen Hiskia nicht zeigte in seinem Hause und in seiner Herrschaft.
3 Da kam der Prophet Jesaja zum König Hiskia und sprach zu ihm: Was sagen diese Männer, und woher kommen sie zu dir? Hiskia sprach: Sie kommen von fern zu mir, nämlich von Babel.
4 Er aber sprach: Was haben sie in deinem Hause gesehen? Hiskia sprach: Alles, was in meinem Hause ist, haben sie gesehen und ist nichts, das ich ihnen nicht hätte gezeigt in meinen Schätzen.
5 Und Jesaja sprach zu Hiskia: Höre das Wort des HERRN Zebaoth:
6 Siehe es kommt die Zeit, daß alles, was in deinem Hause ist und was deine Väter gesammelt haben bis auf diesen Tag, wird gen Babel gebracht werden, daß nichts bleiben wird, spricht der HERR.

7 Dazu werden sie von deinen Kindern, die von dir kommen werden und du zeugen wirst, nehmen, daß sie müssen Kämmerer sein am Hofe des Königs zu Babel.

Zweiter Hauptteil
I.
Gottes Veranstaltungen zur Erlösung seines Volkes aus der babylonischen Gefangenschaft.
Der tröstliche Gottesspruch
von der Begnadigung des Volkes.

40. Kapitel

*Der Herr kommt zur Erlösung seines Volks.
Er ist der unvergleichlich Mächtige und Herrliche.*

1 Tröstet, tröstet mein Volk! spricht euer Gott;
2 redet mit Jerusalem freundlich und predigt ihr, daß ihre Dienstbarkeit ein Ende hat, denn ihre Missetat ist vergeben; denn sie hat Zwiefältiges empfangen von der Hand des HERRN für alle ihre Sünden.
3 Es ist eine Stimme eines Predigers in der Wüste: Bereitet dem HERRN den Weg, macht auf dem Gefilde eine ebene Bahn unserm Gott!
4 Alle Täler sollen erhöht werden und alle

Berge und Hügel sollen erniedrigt werden, und was ungleich ist, soll eben, und was höckericht ist, soll schlicht werden;

5 denn die Herrlichkeit des HERRN soll offenbart werden, und alles Fleisch miteinander wird es sehen; denn des HERRN Mund hat es geredet.

6 Es spricht eine Stimme: Predige! Und er sprach: Was soll ich predigen? Alles Fleisch ist Gras, und alle seine Güte ist wie eine Blume auf dem Felde.

7 Das Gras verdorrt, die Blume verwelkt; denn des HERRN Geist bläst darein. Ja, das Volk ist das Gras.

8 Das Gras verdorrt, die Blume verwelkt; aber das Wort unsres Gottes bleibt ewiglich.

9 Zion, du Predigerin, steig auf deinen hohen Berg; Jerusalem, du Predigerin, hebe deine Stimme auf mit Macht, hebe auf und fürchte dich nicht; sage den Städten Juda's: Siehe, da ist euer Gott!

10 Denn siehe, der HERR HERR kommt gewaltig, und sein Arm wird herrschen. Siehe, sein Lohn ist bei ihm und seine Vergeltung ist vor ihm.

11 Er wird seine Herde weiden wie ein Hirte; er wird die Lämmer in seine Arme sammeln und in seinem Busen tragen und die Schafmütter führen.

12 Wer mißt die Wasser mit der hohlen Hand und faßt den Himmel mit der Spanne und

begreift den Staub der Erde mit einem Dreiling und wägt die Berge mit einem Gewicht und die Hügel mit einer Waage?

13 Wer unterrichtet den Geist des HERRN, und welcher Ratgeber unterweist ihn?

14 Wen fragt er um Rat, der ihm Verstand gebe und lehre ihn den Weg des Rechts und lehre ihn die Erkenntnis und unterweise ihn den Weg des Verstandes?

15 Siehe, die Heiden sind geachtet wie ein Tropfen, so im Eimer bleibt, und wie ein Scherflein, so in der Waage bleibt. Siehe, die Inseln sind wie ein Stäublein.

16 Der Libanon wäre zu gering zum Feuer und seine Tiere zu gering zum Brandopfer.

17 Alle Heiden sind vor ihm nichts und wie ein Nichtiges und Eitles geachtet.

18 Wem wollt ihr denn Gott nachbilden? Oder was für ein Gleichnis wollt ihr ihm zurichten?

19 Der Meister gießt wohl ein Bild, und der Goldschmied übergoldet's und macht silberne Ketten daran.

20 Desgleichen wer nur eine arme Gabe vermag, der wählt ein Holz, das nicht fault, und sucht einen klugen Meister dazu, der ein Bild fertige, das beständig sei.

21 Wisset ihr nicht? Hört ihr nicht? Ist's euch nicht vormals verkündigt? Habt ihr's nicht verstanden von Anbeginn der Erde?

22 Er sitzt auf dem Kreis der Erde, und die darauf wohnen, sind wie Heuschrecken; der den

Himmel ausdehnt wie ein dünnes Fell und breitet ihn aus wie eine Hütte, darin man wohnt;

23 Der die Fürsten zunichte macht und die Richter auf Erden eitel macht,

24 als wären sie nicht gepflanzt noch gesät und als hätte ihr Stamm keine Wurzel in der Erde, daß sie, wo ein Wind unter sie weht, verdorren und sie ein Windwirbel wie Stoppeln wegführt.

25 Wem wollt ihr denn mich nachbilden, dem ich gleich sei? spricht der Heilige.

26 Hebet eure Augen in die Höhe und sehet! Wer hat solche Dinge geschaffen und führt ihr Heer bei der Zahl heraus? Er ruft sie alle mit Namen; sein Vermögen und seine Kraft ist so groß, daß es nicht an einem fehlen kann.

27 Warum sprichst du denn, Jakob, und du, Israel, sagst: Mein Weg ist dem HERRN verborgen, und mein Recht geht vor meinem Gott vorüber?

28 Weißt du nicht? hast du nicht gehört? Der HERR, der ewige Gott, der die Enden der Erde geschaffen hat, wird nicht müde noch matt; sein Verstand ist unausforschlich.

29 Er gibt den Müden Kraft, und Stärke genug dem Unvermögenden.

30 Die Knaben werden müde und matt, und die Jünglinge fallen;

31 aber die auf den HERRN harren, kriegen neue Kraft, daß sie auffahren mit Flügeln wie Adler, daß sie laufen und nicht matt werden, daß sie wandeln und nicht müde werden.

41. Kapitel

*Gott beruft seinen Knecht,
den elenden zum Trost,
den Heiden zur Beschämung.*

1 Laß die Inseln vor mir schweigen und die Völker sich stärken! Laß sie herzutreten und nun reden; laßt uns miteinander rechten!

2 Wer hat den Gerechten vom Aufgange erweckt? Wer rief ihn, daß er ging? Wer gab die Heiden und Könige vor ihm dahin, daß er ihrer mächtig ward, und gab sie seinem Schwert wie Staub und seinem Bogen wie zerstreute Stoppeln,

3 daß er ihnen nachjagte und zog durch mit Frieden und ward des Wegs noch nie müde?

4 Wer tut's und macht es und ruft alle Menschen nacheinander von Anfang her? Ich bin's, der HERR, der Erste und der Letzte.

5 Da das die Inseln sahen, fürchteten sie sich, und die Enden der Erde erschraken; sie nahten und kamen herzu.

6 Einer half dem andern und sprach zu seinem Nächsten: Sei getrost!

7 Der Zimmermann nahm den Goldschmied zu sich und machten mit dem Hammer das Blech glatt auf dem Amboß und sprachen: Das wird fein stehen! und hefteten's mit Nägeln, daß es nicht sollte wackeln.

8 Du aber, Israel, mein Knecht, Jakob, den ich

erwählt habe, du Samen Abrahams, meines Geliebten,

9 der ich dich gestärkt habe von der Welt Enden her und habe dich berufen von ihren Grenzen und sprach zu dir: Du sollst mein Knecht sein; denn ich erwähle dich, und verwerfe dich nicht,

10 fürchte dich nicht, ich bin mit dir; weiche nicht, denn ich bin dein Gott; ich stärke dich, ich helfe dir auch, ich erhalte dich durch die rechte Hand meiner Gerechtigkeit.

11 Siehe, sie sollen zu Spott und zu Schanden werden alle, die dir gram sind; sie sollen werden wie nichts; und die Leute, die mit dir hadern, sollen umkommen,

12 daß du nach ihnen fragen möchtest, und wirst sie nicht finden. Die Leute, die mit dir zanken, sollen werden wie nichts; und die Leute, die wider dich streiten, sollen ein Ende haben.

13 Denn ich bin der HERR, dein Gott, der deine rechte Hand stärkt und zu dir spricht: Fürchte dich nicht, ich helfe dir!

14 So fürchte dich nicht, du Würmlein Jakob, ihr armer Haufe Israel. Ich helfe dir, spricht der HERR, und dein Erlöser ist der Heilige in Israel.

15 Siehe, ich habe dich zum scharfen, neuen Dreschwagen gemacht, der Zacken hat, daß du sollst Berge zerdreschen und zermalmen und die Hügel zu Spreu machen.

16 Du sollst sie zerstreuen, daß sie der Wind wegführe und der Wirbel verwehe. Du aber

wirst fröhlich sein über den HERRN und wirst dich rühmen des Heiligen in Israel.

17 Die Elenden und Armen suchen Wasser, und ist nichts da; ihre Zunge verdorrt vor Durst. Aber ich, der HERR, will sie erhören; ich, der Gott Israels, will sie nicht verlassen.

18 Sondern ich will Wasserflüsse auf den Höhen öffnen und Brunnen mitten auf den Feldern und will die Wüste zu Wasserseen machen und das dürre Land zu Wasserquellen;

19 ich will in der Wüste geben Zedern, Akazien, Myrten und Kiefern; ich will dem Gefilde geben Tannen, Buchen und Buchsbaum miteinander,

20 auf daß man sehe und erkenne und merke und verstehe zumal, daß des HERRN Hand habe solches getan und der Heilige in Israel habe solches geschaffen.

21 So lasset eure Sache herkommen, spricht der HERR; bringet her, worauf ihr stehet, spricht der König in Jakob.

22 Lasset sie herzutreten und uns verkündigen, was künftig ist. Saget an, was zuvor geweissagt ist, so wollen wir mit unserm Herzen darauf achten und merken, wie es gekommen ist; oder lasset uns doch hören, was zukünftig ist!

23 Verkündiget uns, was hernach kommen wird, so wollen wir merken, daß ihr Götter seid. Wohlan, tut Gutes oder Schaden, so wollen wir davon reden und miteinander schauen.

24 Siehe, ihr seid aus nichts, und euer Tun ist auch aus nichts; und euch wählen ist ein Gräuel.

25 Ich aber erwecke einen von Mitternacht, und er kommt vom Aufgang der Sonne. Er wird meinen Namen anrufen und wird über die Gewaltigen gehen wie über Lehm und wird den Ton treten wie ein Töpfer.

26 Wer kann etwas verkündigen von Anfang? so wollen wir's vernehmen, oder weissagen zuvor? so wollen wir sagen: Du redest recht! Aber da ist kein Verkündiger, keiner, der etwas hören ließe, keiner, der von euch ein Wort hören möge.

27 Ich bin der erste, der zu Zion sagt: Siehe, da ist's! und Jerusalem gebe ich Prediger.

28 Dort aber schaue ich, aber da ist niemand; und sehe unter sie, aber da ist kein Ratgeber; ich fragte sie, aber da antworteten sie nichts.

29 Siehe, es ist alles eitel Mühe und nichts mit ihrem Tun; ihre Götzen sind Wind und eitel.

42. Kapitel

Der Knecht Gottes (Messias) in seiner Sanftmut ein Licht der Heiden und ein Führer des verblendeten Volks.

1 Siehe, das ist mein Knecht, ich erhalte ihn, und mein Auserwählter, an welchem meine Seele Wohlgefallen hat. Ich habe ihm meinen

Geist gegeben; er wird das Recht unter die Heiden bringen.

2 Er wird nicht schreien noch rufen, und seine Stimme wird man nicht hören auf den Gassen.

3 Das zerstoßene Rohr wird er nicht zerbrechen, und den glimmenden Docht wird er nicht auslöschen. Er wird das Recht wahrhaftig halten lehren.

4 Er wird nicht matt werden noch verzagen, bis daß er auf Erden das Recht anrichte; und die Inseln werden auf sein Gesetz warten.

5 So spricht Gott, der HERR, der die Himmel schafft und ausbreitet, der die Erde macht und ihr Gewächs, der dem Volk, so darauf ist, den Odem gibt, und den Geist denen, die darauf gehen:

6 Ich, der HERR, habe dich gerufen in Gerechtigkeit und habe dich bei deiner Hand gefaßt und habe dich behütet und habe dich zum Bund unter das Volk gegeben, zum Licht der Heiden,

7 daß du sollst öffnen die Augen der Blinden und die Gefangenen aus dem Gefängnis führen, und die da sitzen in der Finsternis, aus dem Kerker.

8 Ich, der HERR, das ist mein Name; und will meine Ehre keinem andern geben noch meinen Ruhm den Götzen.

9 Siehe, was ich zuvor habe verkündigt, ist gekommen; so verkündige ich auch Neues; ehe denn es aufgeht, lasse ich's euch hören.

10 Singet dem HERRN ein neues Lied, seinen Ruhm an der Welt Ende, die auf dem Meer fahren und was darinnen ist, die Inseln und die darin wohnen!

11 Rufet laut, ihr Wüsten und die Städte darin samt den Dörfern, da Kedar wohnt; es sollen jauchzen, die in den Felsen wohnen, und rufen von den Höhen der Berge!

12 Lasset sie dem HERRN die Ehre geben und seinen Ruhm in den Inseln verkündigen.

13 Der HERR wird ausziehen wie ein Riese; er wird den Eifer aufwecken wie ein Kriegsmann; er wird jauchzen und tönen; er wird seinen Feinden obliegen.

14 Ich schweige wohl eine Zeitlang und bin still und halte an mich; nun aber will wie eine Gebärerin schreien; ich will sie verwüsten und alle verschlingen.

15 Ich will Berge und Hügel verwüsten und all ihr Gras verdorren und will die Wasserströme zu Inseln machen und die Seen austrocknen.

16 Aber die Blinden will ich auf dem Wege leiten, den sie nicht wissen; ich will sie führen auf den Steigen, die sie nicht kennen; ich will die Finsternis vor ihnen her zum Licht machen und das Höckerichte zur Ebene. Solches will ich ihnen alles tun und sie nicht verlassen.

17 Aber die sich auf Götzen verlassen und sprechen zum gegossenen Bilde: Ihr seid unsre Götter! die sollen zurückkehren und zu Schanden werden.

18 Höret, ihr Tauben, und schauet her, ihr Blinden, daß ihr sehet!

19 Wer ist so blind wie mein Knecht, und wer ist so taub wie mein Bote, den ich sende? Wer ist so blind wie der Vollkommene und so blind wie der Knecht des HERRN?

20 Man predigt wohl viel, aber sie halten's nicht; man sagt ihnen genug, aber sie wollen's nicht hören.

21 Der HERR wollte ihnen wohl um seiner Gerechtigkeit willen, daß er das Gesetz herrlich und groß mache.

22 Aber es ist ein beraubtes und geplündertes Volk; sie sind allzumal verstrickt in Höhlen und versteckt in Kerkern; sie sind zum Raube geworden, und ist kein Erretter da; geplündert, und ist niemand, der da sage: Gib wieder her!

23 Wer ist unter euch, der solches zu Ohren nehme, der aufmerke und höre, was hernach kommt?

24 Wer hat Jakob übergeben zu plündern und Israel den Räubern? Hat's nicht der HERR getan, an dem wir gesündigt haben, und sie wollten auf seinen Wegen nicht wandeln und gehorchten seinem Gesetz nicht?

25 Darum hat er über sie ausgeschüttet den Grimm seines Zorns und eine Kriegsmacht; und hat sie umher angezündet, aber sie merken's nicht; und hat sie angebrannt, aber sie nehmen's nicht zu Herzen.

43. Kapitel

Gott erlöst sein Volk, wie er verheißen hat, und vergibt ihm seine Schuld aus lauter Gnade.

1 Und nun spricht der HERR, der dich geschaffen hat, Jakob, und dich gemacht hat, Israel: Fürchte dich nicht, denn ich habe dich erlöst; ich habe dich bei deinem Namen gerufen; du bist mein!
2 Denn so du durch Wasser gehst, will ich bei dir sein, daß dich die Ströme nicht sollen ersäufen; und so du ins Feuer gehst, sollst du nicht brennen, und die Flamme soll dich nicht versengen.
3 Denn ich bin der HERR, dein Gott, der Heilige in Israel, dein Heiland. Ich habe Ägypten für dich als Lösegeld gegeben, Mohren und Seba an deine Statt.
4 Weil du so wert bist vor meinen Augen geachtet, mußt du auch herrlich sein, und ich habe dich lieb; darum gebe ich Menschen an deine Statt und Völker für deine Seele.
5 So fürchte dich nun nicht; denn ich bin bei dir. Ich will vom Morgen deinen Samen bringen und will dich vom Abend sammeln
6 und will sagen gegen Mitternacht: Gib her! und gegen Mittag: Wehre nicht! Bringe meine Söhne von ferneher und meine Töchter von der Welt Ende,

7 alle, die mit meinem Namen genannt sind, die ich geschaffen habe zu meiner Herrlichkeit und zubereitet und gemacht.

8 Laß hervortreten das blinde Volk, welches doch Augen hat, und die Tauben, die doch Ohren haben.

9 Laßt alle Heiden zusammenkommen zuhauf und sich die Völker versammeln. Wer ist unter ihnen, der solches verkündigen möge und uns hören lasse, was zuvor geweissagt ist? Laßt sie ihre Zeugen darstellen und beweisen, so wird man's hören und sagen; Es ist die Wahrheit.

10 Ihr aber seid meine Zeugen, spricht der HERR, und mein Knecht, den ich erwählt habe, auf daß ihr wisset und mir glaubt und versteht, das ich's bin. Vor mir ist kein Gott gemacht, so wird auch nach mir keiner sein.

11 Ich, ich bin der HERR, und ist außer mir kein Heiland.

12 Ich habe es verkündigt und habe auch geholfen und habe es euch sagen lassen, und war kein fremder Gott unter euch. Ihr seid meine Zeugen, spricht der HERR; so bin ich euer Gott.

13 Auch bin ich, ehe denn ein Tag war, und ist niemand, der aus meiner Hand erretten kann. Ich wirke; wer will's abwenden?

14 So spricht der HERR, euer Erlöser, der Heilige in Israel: Um euretwillen habe ich gen Babel geschickt und habe alle Flüchtigen hinuntergetrieben und die klagenden Chaldäer in ihre Schiffe gejagt.

15 Ich bin der HERR, euer Heiliger, der ich Israel geschaffen habe, euer König.

16 So spricht der HERR, der im Meer Weg und in starken Wassern Bahn macht,

17 der ausziehen läßt Wagen und Roß, Heer und Macht, daß sie auf einem Haufen daliegen und nicht aufstehen, daß sie verlöschen, wie ein Docht verlischt:

18 Gedenkt nicht an das Alte und achtet nicht auf das Vorige!

19 Denn siehe, ich will ein Neues machen; jetzt soll es aufwachsen, und ihr werdet's erfahren, daß ich Weg in der Wüste mache und Wasserströme in der Einöde,

20 daß mich das Tier auf dem Felde preise, die Schakale und Strauße. Denn ich will Wasser in der Wüste und Ströme in der Einöde geben, zu tränken mein Volk, meine Auserwählten.

21 Dies Volk habe ich mir zugerichtet; es soll meinen Ruhm erzählen.

22 Nicht, daß du mich hättest gerufen, Jakob, oder daß du um mich gearbeitet hättest, Israel.

23 Mir hast du nicht gebracht Schafe deines Brandopfers noch mich geehrt mit deinen Opfern; mich hat deines Dienstes nicht gelüstet im Speisopfer, habe auch nicht Lust an deiner Arbeit im Weihrauch;

24 mir hast du nicht um Geld Kalmus gekauft; mich hast du mit dem Fett deiner Opfer nicht gesättigt. Ja, mir hast du Arbeit gemacht mit

deinen Sünden und hast mir Mühe gemacht mit deinen Missetaten.

25 Ich, ich tilge deine Übertretungen um meinetwillen und gedenke deiner Sünden nicht.

26 Erinnere mich; laß uns miteinander rechten; sage an, wie du gerecht willst sein.

27 Deine Voreltern haben gesündigt, und deine Lehrer haben wider mich mißgehandelt.

28 Darum habe ich die Fürsten des Heiligtums entheiligt und habe Jakob zum Bann gemacht und Israel zum Hohn.

44. Kapitel

Ausgießung des Geistes der Gnade.
Torheit des Götzendienstes.
Begnadigung und Erlösung Israels.

1 So höre nun, mein Knecht Jakob, und Israel, den ich erwählt habe!

2 So spricht der HERR, der dich gemacht und bereitet hat und der dir beisteht von Mutterleibe an: Fürchte dich nicht, mein Knecht Jakob, und du, Jesurun, den ich erwählt habe!

3 Denn ich will Wasser gießen auf das Durstige und Ströme auf das Dürre: ich will meinen Geist auf deinen Samen gießen und meinen Segen auf deine Nachkommen,

4 daß sie wachsen sollen wie Gras, wie Weiden an den Wasserbächen.

5 Dieser wird sagen: Ich bin des HERRN! und jener wird genannt werden mit dem Namen Jakob; und dieser wird sich mit seiner Hand dem HERRN zuschreiben und wird mit dem Namen Israel genannt werden.

6 So spricht der HERR, der König Israels, und sein Erlöser, der HERR Zebaoth: Ich bin der Erste, und ich bin der Letzte, und außer mir ist kein Gott.

7 Und wer ist mir gleich, der da rufe und verkündige und mir's zurichte, der ich von der Welt her die Völker setze? Lasset sie ihnen das Künftige und was kommen soll, verkündigen.

8 Fürchtet euch nicht und erschrecket nicht. Habe ich's nicht vorlängst dich hören lassen und verkündigt? denn ihr seid meine Zeugen. Ist auch ein Gott außer mir? Es ist kein Hort, ich weiß ja keinen.

9 Die Götzenmacher sind allzumal eitel, und ihr Köstliches ist nichts nütze. Sie sind ihre Zeugen und sehen nichts; darum müssen sie zu Schanden werden.

10 Wer sind sie, die einen Gott machen und einen Götzen gießen, der nichts nütze ist?

11 Siehe, alle ihre Genossen werden zu Schanden; denn es sind Meister aus Menschen. Wenn sie gleich alle zusammentreten, müssen sie dennoch sich fürchten und zu Schanden werden.

12 Es schmiedet einer das Eisen in der Zange, arbeitet in der Glut und bereitet's mit Hämmern

und arbeitet daran mit ganzer Kraft seines Arms, leidet auch Hunger, bis er nimmer kann, trinkt auch nicht Wasser, bis er matt wird.

13 Der andere zimmert Holz, und mißt es mit der Schnur und zeichnet's mit Rötelstein und behaut es und zirkelt's ab und macht's ein Mannsbild, wie einen schönen Menschen, der im Hause wohne.

14 Er geht frisch daran unter den Bäumen im Walde, daß er Zedern abhaue und nehme Buchen und Eichen; ja, eine Zeder, die gepflanzt und die vom Regen erwachsen ist

15 und die den Leuten Brennholz gibt, davon man nimmt, daß man sich dabei wärme, und die man anzündet und Brot dabei bäckt. Davon macht er einen Gott und betet's an; er macht einen Götzen daraus und kniet davor nieder.

16 Die Hälfte verbrennt er im Feuer, über der Hälfte ißt er Fleisch; er brät einen Braten und sättigt sich, wärmt sich auch und spricht: Hoja! ich bin warm geworden, ich sehe meine Lust am Feuer.

17 Aber das übrige macht er zum Gott, daß es ein Götze sei, davor er kniet und niederfällt und betet und spricht: Errette mich; denn du bist mein Gott!

18 Sie wissen nichts und verstehen nichts; denn sie sind verblendet, daß ihre Augen nicht sehen und ihre Herzen nicht merken können,

19 und gehen nicht in ihr Herz; keine Vernunft noch Witz ist da, daß sie doch dächten: Ich habe

auf den Kohlen Brot gebacken und Fleisch gebraten und gegessen, und sollte das übrige zum Gräuel machen und sollte knieen vor einem Klotz?

20 Er hat Lust an Asche, sein getäuschtes Herz verführt ihn; und er wird seine Seele nicht erretten, daß er dächte: Ist das nicht Trügerei, was meine rechte Hand treibt?

21 Daran gedenke Jakob und Israel; denn du bist mein Knecht. Ich habe dich bereitet, daß du mein Knecht seist; Israel, vergiß mein nicht.

22 Ich vertilge deine Missetaten wie eine Wolke und deine Sünden wie den Nebel. Kehre dich zu mir; denn ich erlöse dich.

23 Jauchzet ihr Himmel, denn der HERR hat's getan; rufe, du Erde hier unten; ihr Berge, frohlocket mit Jauchzen, der Wald und alle Bäume darin! denn der HERR hat Jakob erlöst und ist in Israel herrlich.

24 So spricht der HERR, dein Erlöser, der dich von Mutterleibe hat bereitet: Ich bin der HERR, der alles tut, der den Himmel ausbreitet allein und die Erde weit macht ohne Gehilfen;

25 der die Zeichen der Wahrsager zunichte und die Weissager toll macht; der die Weisen zurückkehrt und ihre Kunst zur Torheit macht,

26 bestätigt aber das Wort seines Knechtes und vollführt den Rat seiner Boten; der zu Jerusalem spricht: Sei bewohnt! und zu den Städten Juda's: Seid gebaut! und ihre Verwüstung richte ich auf;

27 der ich spreche zu der Tiefe: Versiege! und zu den Strömen: Vertrocknet!

28 der ich spreche von Kores: Der ist mein Hirte und soll all meinen Willen vollenden, daß man sage zu Jerusalem: Sei gebaut! und zum Tempel: Sei gegründet!

45. Kapitel

Kores (Cyrus) das Werkzeug des Allmächtigen zur Demütigung der Abgötter und zur Erlösung Israels.

1 So spricht der HERR zu seinem Gesalbten, dem Kores, den ich bei seiner rechten Hand ergreife, daß ich die Heiden vor ihm unterwerfe und den Königen das Schwert abgürte, auf daß vor ihm die Türen geöffnet werden und die Tore nicht verschlossen bleiben:

2 Ich will vor dir her gehen und die Höcker eben machen; ich will die ehernen Türen zerschlagen und die eisernen Riegel zerbrechen

3 und will dir geben die heimlichen Schätze und die verborgenen Kleinode, auf daß du erkennest, daß ich, der HERR, der Gott Israels, dich bei deinem Namen genannt habe,

4 um Jakobs, meines Knechtes, willen und um Israels, meines Auserwählten, willen. Ja, ich rief dich bei deinem Namen und nannte dich, da du mich noch nicht kanntest.

5 Ich bin der HERR, und sonst keiner mehr; kein Gott ist außer mir. Ich habe dich gerüstet, da du mich noch nicht kanntest,

6 auf daß man erfahre, von der Sonne Aufgang und der Sonne Niedergang, daß außer mir keiner sei. Ich bin der HERR, und keiner mehr;

7 der ich das Licht mache und schaffe die Finsternis, der ich Frieden gebe und schaffe das Übel. Ich bin der HERR, der solches alles tut.

8 Träufelt, ihr Himmel, von oben und die Wolken regnen Gerechtigkeit. Die Erde tue sich auf und bringe Heil, und Gerechtigkeit wachse mit zu. Ich, der HERR, schaffe es.

9 Weh dem, der mit seinem Schöpfer hadert, eine Scherbe wie andere irdene Scherben. Spricht der Ton auch zu seinem Töpfer: Was machst du? Du beweisest deine Hände nicht an deinem Werke.

10 Weh dem, der zum Vater sagt: Warum hast du mich gezeugt? und zum Weibe: Warum gebierst du?

11 So spricht der HERR, der Heilige in Israel und ihr Meister [der Heilige Israels und sein Bildner (12)]: Fragt mich um das Zukünftige; weist meine Kinder und das Werk meiner Hände zu mir!

12 Ich habe die Erde gemacht und den Menschen darauf geschaffen. Ich bin's, dessen Hände den Himmel ausgebreitet haben, und habe allem seinem Heer geboten.

13 Ich habe ihn erweckt in Gerechtigkeit, und alle seine Wege will ich eben machen. Er soll meine Stadt bauen und meine Gefangenen loslassen, nicht um Geld noch um Geschenke, spricht der HERR Zebaoth.

14 So spricht der HERR: Der Ägypter Handel und der Mohren und der langen Leute zu Seba Gewerbe werden sich dir ergeben und dein eigen sein; sie werden dir folgen, in Fesseln werden sie gehen und werden vor dir niederfallen und zu dir flehen; denn bei dir ist Gott, und ist sonst kein Gott mehr.

15 Fürwahr, du bist ein verborgener Gott, du Gott Israels, der Heiland.

16 Aber die Götzenmacher müssen allesamt mit Schanden und Hohn bestehen und miteinander schamrot hingehen.

17 Israel aber wird erlöst durch den HERRN, durch eine ewige Erlösung, und wird nicht zu Schanden noch zu Spott immer und ewiglich.

18 Denn so spricht der HERR, der den Himmel geschaffen hat, der Gott, der die Erde bereitet hat und hat sie gemacht und zugerichtet, und sie nicht gemacht hat, daß sie leer soll sein, sondern sie bereitet hat, daß man darauf wohnen solle: Ich bin der HERR, und ist keiner mehr.

19 Ich habe nicht im Verborgenen geredet, im finstern Ort der Erde; ich habe nicht zum Samen Jakobs vergeblich gesagt: Suchet mich! Denn ich bin der HERR, der von Gerechtigkeit redet, und verkündigt, was da recht ist.

20 Laß sich versammeln und kommen miteinander herzu die Entronnenen der Heiden, die nichts wissen und tragen sich mit den Klötzen ihrer Götzen und flehen zu dem Gott, der nicht helfen kann.

21 Verkündiget und machet euch herzu, ratschlaget miteinander. Wer hat dies lassen sagen von alters her und vorlängst verkündigt? Habe ich's nicht getan, der HERR? und ist sonst kein Gott außer mir, ein gerechter Gott und Heiland; und keiner ist außer mir.

22 Wendet euch zu mir, so werdet ihr selig, aller Welt Enden; denn ich bin Gott, und keiner mehr.

23 Ich schwöre bei mir selbst, und ein Wort der Gerechtigkeit geht aus meinem Munde, dabei soll es bleiben: Mir sollen sich alle Kniee beugen und alle Zungen schwören

24 und sagen: Im HERRN habe ich Gerechtigkeit und Stärke. Solche werden auch zu ihm kommen; aber alle, die ihm widerstehen, müssen zu Schanden werden.

25 Denn im Herrn wird gerecht aller Same Israels und wird sich sein rühmen.

46. Kapitel

*Sturz der babylonischen Götzen.
Heil Israels in seinem treuen Gott.*

1 Der Bel ist gebeugt, der Nebo ist gefallen, ihre Götzen sind den Tieren und dem Vieh zuteil geworden, daß sie sich müde tragen an eurer Last.

2 Ja, sie fallen und beugen sich allesamt und können die Last nicht wegbringen; sondern ihre Seelen müssen ins Gefängnis gehen.

3 Höret mir zu, ihr vom Hause Jakob und alle übrigen vom Hause Israel, die ihr von mir getragen werdet von Mutterleibe an und von der Mutter her auf mir liegt.

4 Ja, ich will euch tragen bis ins Alter und bis ihr grau werdet. Ich will es tun, ich will heben und tragen und erretten.

5 Nach wem bildet und wem vergleicht ihr mich denn? Gegen wen messet ihr mich, dem ich gleich sein solle?

6 Sie schütten das Gold aus dem Beutel und wägen dar das Silber mit der Waage und lohnen dem Goldschmied, daß er einen Gott daraus mache, vor dem sie knieen und anbeten.

7 Sie heben ihn auf die Achseln und tragen ihn und setzen ihn an seine Stätte. Da steht er und kommt von seinem Ort nicht. Schreit einer zu ihm, so antwortet er nicht und hilft ihm nicht aus seiner Not.

8 An solches gedenket doch und seid fest; ihr Übertreter, gehet in euer Herz!

9 Gedenket des Vorigen von alters her; denn ich bin Gott, und keiner mehr, ein Gott, desgleichen nirgend ist,

10 der ich verkündige zuvor, was hernach kommen soll, und vorlängst, ehe denn es geschieht, und sage: Mein Anschlag besteht, und ich tue alles, was mir gefällt.

11 Ich rufe einen Adler vom Aufgang und einen Mann, der meinen Anschlag tue, aus fernem Lande. Was ich sage, das lasse ich kommen; was ich denke, das tue ich auch.

12 Höret mir zu, ihr stolzen Herzen, die ihr ferne seid von der Gerechtigkeit.

13 Ich habe meine Gerechtigkeit nahe gebracht; sie ist nicht ferne und mein Heil säumt nicht; denn ich will zu Zion das Heil geben und in Israel meine Herrlichkeit.

47. Kapitel

*Untergang des übermütigen
und abergläubischen Babel.*

1 Herunter, Jungfrau, du Tochter Babel, setze dich in den Staub! Setze dich auf die Erde; denn die Tochter der Chaldäer hat keinen Stuhl mehr. Man wird dich nicht mehr nennen: "Du Zarte und Üppige".

2 Nimm die Mühle und mahle Mehl; flicht deine Zöpfe aus, hebe die Schleppe, entblöße den Schenkel, wate durchs Wasser,

3 daß deine Blöße aufgedeckt und deine Schande gesehen werde. Ich will mich rächen, und soll mir kein Mensch abbitten.

4 Solches tut der Erlöser, welcher heißt der HERR Zebaoth, der Heilige in Israel.

5 Setze dich in das Stille, gehe in die Finsternis, du Tochter der Chaldäer; denn du sollst nicht mehr heißen "Herrin über Königreiche".

6 Denn da ich über mein Volk zornig war und entweihte mein Erbe, übergab ich sie in deine Hand; aber du bewiesest ihnen keine Barmherzigkeit, auch über die Alten machtest du ein Joch allzu schwer,

7 und dachtest: Ich bin eine Königin ewiglich. Du hast solches bisher noch nicht zu Herzen gefaßt noch daran gedacht, wie es damit hernach werden sollte.

8 So höre nun dies, die du in Wollust lebst und so sicher sitzest und sprichst in deinem Herzen: Ich bin's, und keine mehr; ich werde keine Witwe werden noch ohne Kinder sein.

9 Aber es wird dir solches beides kommen plötzlich auf einen Tag, daß du Witwe und ohne Kinder seist; ja, vollkommen wird es über dich kommen um der Menge willen deiner Zauberer und um deiner Beschwörer willen, deren ein großer Haufe bei dir ist.

10 Denn du hast dich auf deine Bosheit verlassen, da du dachtest: Man sieht mich nicht! Deine Weisheit und Kunst hat dich verleitet, daß du sprachst in deinem Herzen: Ich bin's, und sonst keine!

11 Darum wird über dich ein Unglück kommen, daß du nicht weißt, wann es daherbricht; und wird ein Unfall auf dich fallen, den du nicht sühnen kannst; und es wird plötzlich ein Getümmel über dich kommen, dessen du dich nicht versiehst.

12 So tritt nun auf mit deinen Beschwörern und der Menge deiner Zauberer, unter welchen du dich von deiner Jugend auf bemüht hast, ob du dir könntest raten, ob du dich könntest stärken.

13 Denn du bist müde von der Menge deiner Anschläge. Laß hertreten und dir helfen die Meister des Himmelslaufs und die Sterngucker, die nach den Monaten rechnen, was über dich kommen werde.

14 Siehe, sie sind wie Stoppeln, die das Feuer verbrennt; sie können ihr Leben nicht erretten vor der Flamme; denn es wird nicht eine Glut sein, dabei man sich wärme, oder ein Feuer, darum man sitzen möge.

15 Also sind sie, unter welchen du dich bemüht hast, die mit dir Handel trieben von deiner Jugend auf; ein jeglicher wird seines Ganges hierher und daher gehen, und hast keinen Helfer.

48. Kapitel

Aufforderung Gottes an sein halsstarriges Volk, seine gnadenreiche Erlösung zu glauben und ihm zu gehorchen.

1 Höret das, ihr vom Hause Jakob, die ihr heißet mit Namen Israel und aus dem Wasser Juda's geflossen seid; die ihr schwöret bei dem Namen des HERRN und gedenkt des Gottes in Israel, aber nicht in der Wahrheit noch Gerechtigkeit.
2 Sie nennen sich aus der heiligen Stadt und trotzen auf den Gott Israels, der da heißt der HERR Zebaoth.
3 Ich habe es zuvor verkündigt, dies Zukünftige; aus meinem Munde ist's gekommen, und ich habe es lassen sagen; ich tue es auch plötzlich, daß es kommt.
4 Denn ich weiß, daß du hart bist, und dein Nacken ist eine eiserne Ader, und deine Stirn ist ehern;
5 Darum habe ich dir's verkündigt zuvor und habe es dir lassen sagen, ehe denn es gekommen ist, auf daß du nicht sagen könntest: Mein Götze tut's, und mein Bild und Abgott hat's befohlen.
6 Solches alles hast du gehört und siehst es, und verkündigst es doch nicht. Ich habe dir von nun an Neues sagen lassen und Verborgenes, das du nicht wußtest.

7 Nun ist's geschaffen, und nicht vorlängst, und hast nicht einen Tag zuvor davon gehört, auf daß du nicht sagen könntest: Siehe, das wußte ich wohl.

8 Denn du hörtest es nicht und wußtest es auch nicht, und dein Ohr war dazumal nicht geöffnet; ich aber wußte wohl, daß du verachten würdest und von Mutterleib an ein Übertreter genannt bist.

9 Um meines Namens willen bin ich geduldig, und um meines Ruhms willen will ich mich dir zugut enthalten, daß du nicht ausgerottet werdest.

10 Siehe ich will dich läutern, aber nicht wie Silber; sondern ich will dich auserwählt machen im Ofen des Elends.

11 Um meinetwillen, ja um meinetwillen will ich's tun, daß ich nicht gelästert werde; denn ich will meine Ehre keinem andern lassen.

12 Höre mir zu, Jakob, und du, Israel, mein Berufener: Ich bin's, ich bin der Erste, dazu auch der Letzte.

13 Meine Hand hat den Erdboden gegründet, und meine Rechte hat den Himmel ausgespannt; was ich rufe, das steht alles da.

14 Sammelt euch alle und hört: Wer ist unter diesen, der solches verkündigt hat? Der HERR liebt ihn; darum wird er seinen Willen an Babel und seinen Arm an den Chaldäern beweisen.

15 Ich, ja, ich habe es gesagt, ich habe ihn

gerufen; ich will ihn auch kommen lassen, und sein Weg soll ihm gelingen.

16 Tretet her zu mir und höret dies! Ich habe es nicht im Verborgenen zuvor geredet; von der Zeit an, da es ward, bin ich da. Und nun sendet mich der HERR HERR und sein Geist.

17 So spricht der HERR, dein Erlöser, der Heilige in Israel: Ich bin der HERR, dein Gott, der dich lehrt, was nützlich ist [was dir zum Heile dient (13)], und leitet dich auf dem Wege, den du gehst.

18 O daß du auf meine Gebote merktest, so würde dein Friede sein wie ein Wasserstrom, und deine Gerechtigkeit wie Meereswellen;

19 und dein Same würde sein wie Sand, und die Sprossen deines Leibes wie Sandkörner; sein Name würde nicht ausgerottet noch vertilgt vor mir.

20 Gehet aus von Babel, fliehet von den Chaldäern mit fröhlichem Schall; verkündiget und lasset solches hören; bringt es aus bis an der Welt Ende; sprechet: Der HERR hat seinen Knecht Jakob erlöst.

21 Sie hatten keinen Durst, da er sie leitete in der Wüste: er ließ ihnen Wasser aus dem Felsen fließen; er riß den Fels, das Wasser herausrann.

22 Aber die Gottlosen, spricht der HERR, haben keinen Frieden.

II.

Das Wirken und Leiden des Knechtes Gottes zur Wiederannahme und innerlichen Erlösung Israels und damit der ganzen Menschheit

49. Kapitel

Der Knecht Gottes
das Licht der Heiden und das Heil Israels.
Zion soll sich seines Erbarmers getrösten.

1 Höret mir zu, ihr Inseln, und ihr Völker in der Ferne, merket auf! Der HERR hat mich gerufen von Mutterleib an; er hat meines Namens gedacht, da ich noch im Schoß der Mutter war,
2 und hat meinen Mund gemacht wie ein scharfes Schwert; mit dem Schatten seiner Hand hat er mich bedeckt; er hat mich zum glatten Pfeil gemacht und mich in seinen Köcher gesteckt
3 und spricht zu mir: Du bist mein Knecht Israel, durch welchen ich will gepriesen werden.
4 Ich aber dachte, ich arbeite vergeblich und brächte meine Kraft umsonst und unnütz zu, wiewohl meine Sache des Herrn und mein Amt meines Gottes ist.
5 Und nun spricht der HERR, der mich von

Mutterleib an zu seinem Knechte bereitet hat, daß ich soll Jakob zu ihm bekehren, auf daß Israel nicht weggerafft werde (darum bin ich dem HERRN herrlich, und mein Gott ist meine Stärke),

6 und spricht: Es ist ein Geringes, daß du mein Knecht bist, die Stämme Jakobs aufzurichten und die Bewahrten Israels wiederzubringen; sondern ich habe dich auch zum Licht der Heiden gemacht, daß du seist mein Heil bis an der Welt Ende.

7 So spricht der HERR, der Erlöser Israels, sein Heiliger, zu der verachteten Seele, zu dem Volk, das man verabscheut, zu dem Knecht, der unter den Tyrannen ist: Könige sollen sehen und aufstehen, und Fürsten sollen niederfallen um des HERRN willen, der treu ist, um des Heiligen in Israel willen, der dich erwählt hat.

8 So spricht der HERR: Ich habe dich erhört zur gnädigen Zeit und habe dir am Tage des Heils geholfen und habe dich behütet und zum Bund unter das Volk gestellt, daß du das Land aufrichtest und die verstörten Erbe austeilest;

9 zu sagen den Gefangenen: Geht heraus! und zu denen in der Finsternis: Kommt hervor! daß sie am Wege weiden und auf allen Hügeln ihre Weide haben.

10 Sie werden weder hungern noch dürsten, sie wird keine Hitze noch Sonne stechen, denn ihr Erbarmer wird sie führen und wird sie an die Wasserquellen leiten.

11 Ich will alle meine Berge zum Wege machen, und meine Pfade sollen gebahnt sein.

12 Siehe, diese werden von ferne kommen, und siehe, jene von Mitternacht und diese vom Meer und jene von Lande Sinim.

13 Jauchzet, ihr Himmel, freue dich, Erde, lobet, ihr Berge, mit Jauchzen; denn der HERR hat sein Volk getröstet und erbarmt sich seiner Elenden.

14 Zion aber spricht: Der HERR hat mich verlassen, der HERR hat mein vergessen.

15 Kann auch ein Weib ihres Kindleins vergessen, daß sie sich nicht erbarme über den Sohn ihres Leibes? Und ob sie desselben vergäße, so will ich doch dein nicht vergessen. [Wenn auch eine Mutter ihres Kindes vergessen könnte, so will ich doch deiner nie vergessen. (14)]

16 Siehe, in die Hände habe ich dich gezeichnet; deine Mauern sind immerdar vor mir.

17 Deine Baumeister werden eilen; aber deine Zerbrecher und Verstörer werden sich davonmachen.

18 Hebe deine Augen auf umher und siehe: alle diese kommen versammelt zu dir. So wahr ich lebe, spricht der HERR, du sollst mit diesen allen wie mit einem Schmuck angetan werden und wirst sie um dich legen wie eine Braut.

19 Denn dein wüstes, verstörtes und zerbrochenes Land wird dir alsdann zu eng

werden, darin zu wohnen, wenn deine Verderber fern von dir weichen,

20 daß die Kinder deiner Unfruchtbarkeit werden noch sagen vor deinen Ohren: Der Raum ist mir zu eng; rücke hin, daß ich bei dir wohnen möge.

21 Du aber wirst sagen in deinem Herzen: Wer hat mir diese geboren? Ich war unfruchtbar, einsam, vertrieben und verstoßen. Wer hat mir diese erzogen? Siehe, ich war allein gelassen; wo waren denn diese?

22 So spricht der HERR HERR: Siehe, ich will meine Hand zu den Heiden aufheben und zu den Völkern mein Panier aufwerfen; so werden sie deine Söhne in den Armen herzubringen und deine Töchter auf den Achseln hertragen.

23 Und Könige sollen deine Pfleger, und ihre Fürstinnen deine Säugammen sein; sie werden vor dir niederfallen zur Erde aufs Angesicht und deiner Füße Staub lecken. Da wirst du erfahren, daß ich der HERR bin, an welchem nicht zu Schanden werden, die auf mich harren.

24 Kann man auch einem Riesen den Raub nehmen? oder kann man dem Gerechten seine Gefangenen losmachen?

25 Denn so spricht der HERR: Nun sollen die Gefangenen dem Riesen genommen werden und der Raub des Starken los werden; und ich will mit deinen Haderern hadern und deinen Kindern helfen.

26 Und ich will deine Schinder speisen mit ihrem eigenen Fleisch, und sie sollen von ihrem eigenen Blut wie von süßem Wein trunken werden; und alles Fleisch soll erfahren, daß ich bin der HERR, dein Heiland, und dein Erlöser der Mächtige in Jakob.

50. Kapitel

Israel ist durch eigene Sünde verstoßen; der Knecht des Herrn bringt das Heil.

1 So spricht der HERR: Wo ist der Scheidebrief eurer Mutter, mit dem ich sie entlassen hätte? Oder wer ist mein Gläubiger, dem ich euch verkauft hätte? Siehe, ihr seid um eurer Sünden willen verkauft, und eure Mutter ist um eures Übertretens willen entlassen.

2 Warum kam ich, und war niemand da? ich rief, und niemand antwortete. Ist meine Hand nun so kurz geworden, daß ich sie nicht erlösen kann? oder ist bei mir keine Kraft, zu erretten? Siehe, mit meinem Schelten mache ich das Meer trocken und mache die Wasserströme zur Wüste, daß ihre Fische vor Wassermangel stinken und Durstes sterben.

3 Ich kleide den Himmel mit Dunkel und mache seine Decke gleich einem Sack.

4 Der HERR HERR hat mir eine gelehrte Zunge gegeben, daß ich wisse mit dem Müden zu

rechter Zeit zu reden. Er weckt mich alle Morgen; er weckt mir das Ohr, daß ich höre wie ein Jünger.

5 Der HERR HERR hat mir das Ohr geöffnet; und ich bin nicht ungehorsam und gehe nicht zurück.

6 Ich hielt meinen Rücken dar denen, die mich schlugen, und meine Wangen denen, die mich rauften; mein Angesicht verbarg ich nicht vor Schmach und Speichel.

7 Aber der HERR HERR hilft mir; darum werde ich nicht zu Schanden. Darum habe ich mein Angesicht dargeboten wie einen Kieselstein; denn ich weiß, daß ich nicht zu Schanden werde.

8 Er ist nahe, der mich gerechtspricht; wer will mit mir hadern? Laßt uns zusammentreten; wer ist, der Recht zu mir hat? Der komme her zu mir!

9 Siehe, der HERR HERR hilft mir; wer ist, der mich will verdammen? Siehe, sie werden allzumal wie ein Kleid veralten, Motten werden sie fressen.

10 Wer ist unter euch, der den HERRN fürchtet, der seines Knechtes Stimme gehorche? Der im Finstern wandelt und scheint ihm kein Licht, der hoffe auf den HERRN und verlasse sich auf seinen Gott.

11 Siehe, ihr alle, die ihr ein Feuer anzündet, mit Flammen gerüstet, geht hin in das Licht eures Feuers und in die Flammen, die ihr angezündet habt! Solches widerfährt euch von meiner Hand; in Schmerzen müßt ihr liegen.

51. Kapitel

Die Gerechten kehren aus großer Trübsal heim und Freude ist in Zion.

1 Höret mir zu, die ihr der Gerechtigkeit nachjagt, die ihr den HERRN sucht: Schauet den Fels an, davon ihr gehauen seid, und des Brunnens Gruft, daraus ihr gegraben seid.

2 Schauet Abraham an, euren Vater, und Sara, von welcher ihr geboren seid. Denn ich rief ihn, da er noch einzeln war, und segnete ihn und mehrte ihn.

3 Denn der HERR tröstet Zion, er tröstet alle ihre Wüsten und macht ihre Wüste wie Eden und ihr dürres Land wie den Garten des HERRN, daß man Wonne und Freude darin findet, Dank und Lobgesang.

4 Merke auf mich, mein Volk, höret mich, meine Leute! denn von mir wird ein Gesetz ausgehen, und mein Recht will ich zum Licht der Völker gar bald stellen.

5 Denn meine Gerechtigkeit ist nahe, mein Heil zieht aus, und meine Arme werden die Völker richten. Die Inseln harren auf mich und warten auf meinen Arm.

6 Hebet eure Augen auf gen Himmel und schauet unten auf die Erde. Denn der Himmel wird wie ein Rauch vergehen und die Erde wie ein Kleid veralten, und die darauf wohnen, werden im Nu dahinsterben. Aber mein Heil

bleibt ewiglich, und meine Gerechtigkeit wird kein Ende haben.

7 Höret mir zu, die ihr die Gerechtigkeit kennt, du Volk, in dessen Herzen mein Gesetz ist! Fürchtet euch nicht, wenn euch die Leute schmähen; und wenn sie euch lästern, verzaget nicht!

8 Denn die Motten werden sie fressen wie ein Kleid, und Würmer werden sie fressen wie wollenes Tuch; aber meine Gerechtigkeit bleibt ewiglich und mein Heil für und für.

9 Wohlauf, wohlauf, ziehe Macht an, du Arm des HERRN! Wohlauf, wie vorzeiten, von alters her! Bist du es nicht, der die Stolzen zerhauen und den Drachen verwundet hat?

10 Bist du es nicht, der das Meer, der großen Tiefe Wasser, austrocknete, der den Grund des Meeres zum Wege machte, daß die Erlösten dadurchgingen?

11 Also werden die Erlösten des HERRN wiederkehren und gen Zion kommen mit Jauchzen, und ewige Freude wird auf ihrem Haupte sein. Wonne und Freude werden sie ergreifen; aber Trauer und Seufzen wird von ihnen fliehen.

12 Ich, ich bin euer Tröster. Wer bist du denn, daß du dich vor Menschen fürchtest, die doch sterben, und vor Menschenkindern, die wie Gras vergehen,

13 und vergissest des HERRN, der dich gemacht hat, der den Himmel ausbreitet und die

Erde gründet? Du aber fürchtest dich den ganzen Tag vor dem Grimm des Wüterichs, wenn er sich vornimmt zu verderben. Wo bleibt nun der Grimm des Wüterichs?

14 Der Gefangene wird eilends losgegeben, daß er nicht hinsterbe zur Grube, auch keinen Mangel an Brot habe.

15 Denn ich bin der HERR, dein Gott, der das Meer bewegt, daß seine Wellen wüten; sein Name heißt HERR Zebaoth.

16 Ich lege mein Wort in deinen Mund und bedecke dich unter dem Schatten meiner Hände, auf daß ich den Himmel pflanze und die Erde gründe und zu Zion spreche: Du bist mein Volk.

17 Wache auf, wache auf, stehe auf, Jerusalem, die du von der Hand des HERRN den Kelch seines Grimmes getrunken hast! Die Hefen des Taumelkelches hast du ausgetrunken und die Tropfen geleckt.

18 Es war niemand aus allen Kindern, die sie geboren hat, der sie leitete; niemand aus allen Kindern, die sie erzogen hat, der sie bei der Hand nähme.

19 Diese zwei sind dir begegnet; wer trug Leid mit dir? Da war Verstörung und Schaden, Hunger und Schwert; wer sollte dich trösten?

20 Deine Kinder waren verschmachtet; sie lagen auf allen Gassen wie ein Hirsch im Netze, voll des Zorns vom HERRN und des Scheltens von deinem Gott.

21 Darum höre dies, du Elende und Trunkene, doch nicht von Wein!

22 So spricht dein Herrscher, der HERR, und dein Gott, der sein Volk rächt: Siehe, ich nehme den Taumelkelch von deiner Hand samt den Hefen des Kelchs meines Grimmes; du sollst ihn nicht mehr trinken,

23 sondern ich will ihn deinen Schindern in die Hand geben, die zu deiner Seele sprachen: Bücke dich, daß wir darüberhin gehen, und mache deinen Rücken zur Erde und wie die Gasse, daß man darüberhin laufe.

52. Kapitel

Zions Heil, durch Friedensboten verkündet.

1 Mache dich auf, mache dich auf, Zion! Zieh deine Stärke an, schmücke dich herrlich, du heilige Stadt Jerusalem! Denn es wird hinfort kein Unbeschnittener oder Unreiner zu dir eingehen.

2 Schüttle den Staub ab, stehe auf, du gefangenes Jerusalem! Mache dich los von den Banden deines Halses, du gefangene Tochter Zion!

3 Denn also spricht der HERR: Ihr seid umsonst verkauft; ihr sollt auch ohne Geld gelöst werden.

4 Denn so spricht der HERR HERR: Mein Volk zog am ersten hinab nach Ägypten, daß es

daselbst Gast wäre; und Assur hat ihm ohne Ursache Gewalt getan.

5 Aber wie tut man mir jetzt allhier! spricht der HERR. Mein Volk wird umsonst hingerafft; seine Herrscher machen eitel Heulen, spricht der HERR, und mein Name wird immer täglich gelästert.

6 Darum soll mein Volk meinen Namen kennen zu derselben Zeit; denn ich bin's, der da spricht: Hier bin ich!

7 Wie lieblich sind auf den Bergen die Füße der Boten, die da Frieden verkündigen, Gutes predigen, Heil verkündigen, die da sagen zu Zion: Dein Gott ist König!

8 Deine Wächter rufen laut mit ihrer Stimme und rühmen miteinander; denn man wird's mit Augen sehen, wenn der HERR Zion bekehrt.

9 Laßt fröhlich sein und miteinander rühmen das Wüste zu Jerusalem; denn der HERR hat sein Volk getröstet und Jerusalem gelöst.

10 Der HERR hat offenbart seinen heiligen Arm vor den Augen aller Heiden, daß aller Welt Enden sehen das Heil unsers Gottes.

11 Weicht, weicht, zieht aus von dannen und rührt kein Unreines an; geht aus von ihr, reinigt euch, die ihr des HERRN Geräte tragt!

12 Denn ihr sollt nicht mit Eile ausziehen noch mit Flucht wandeln; denn der HERR wird vor euch her ziehen; und der Gott Israels wird euch sammeln.

13 Siehe, mein Knecht wird weislich tun und wird erhöht und sehr hoch erhaben sein.

14 Gleichwie sich viele an dir ärgern werden, weil seine Gestalt häßlicher ist denn anderer Leute und sein Ansehen denn der Menschenkinder,

15 also wird er viele Heiden besprengen, daß auch Könige werden ihren Mund vor ihm zuhalten. Denn welchen nichts davon verkündigt ist, die werden's mit Lust sehen; und die nichts davon gehört haben, die werden's merken.

[14 Wie sich viele über dich entsetzt haben – so entstellt, nicht mehr einem Manne ähnlich war sein Aussehen und seine Gestalt nicht mehr wie die der Menschenkinder –,

15 ebenso wird er viele Völker in Erstaunen versetzen, und Könige werden über ihn den Mund verschließen; denn was ihnen nie erzählt worden war, das sehen sie (nun), und wovon sie nie etwas gehört hatten, das nehmen sie (nun) wahr. (15)]

53. Kapitel

Stellvertretendes Leiden
und Herrlichkeit des Knechtes Gottes.

1 Aber wer glaubt unsrer Predigt, und wem wird der Arm des HERRN offenbart?

2 Denn er schoß auf vor ihm wie ein Reis und

wie eine Wurzel aus dürrem Erdreich. Er hatte keine Gestalt noch Schöne; wir sahen ihn, aber da war keine Gestalt, die uns gefallen hätte.

3 Er war der Allerverachtetste und Unwerteste, voller Schmerzen und Krankheit. Er war so verachtet, daß man das Angesicht vor ihm verbarg; darum haben wir ihn für nichts geachtet.

4 Fürwahr, er trug unsere Krankheit und lud auf sich unsre Schmerzen. Wir aber hielten ihn für den, der geplagt und von Gott geschlagen und gemartert wäre.

5 Aber er ist um unsrer Missetat willen verwundet und um unsrer Sünde willen zerschlagen. Die Strafe liegt auf ihm, auf daß wir Frieden hätten, und durch seine Wunden sind wir geheilt.

6 Wir gingen alle in der Irre wie Schafe, ein jeglicher sah auf seinen Weg; aber der HERR warf unser aller Sünde auf ihn.

7 Da er gestraft und gemartert ward, tat er seinen Mund nicht auf wie ein Lamm, das zur Schlachtbank geführt wird, und wie ein Schaf, das verstummt vor seinem Scherer und seinen Mund nicht auftut.

8 Er aber ist aus Angst und Gericht genommen; wer will seines Lebens Länge ausreden? Denn er ist aus dem Lande der Lebendigen weggerissen, da er um die Missetat meines Volkes geplagt war.

9 Und man gab ihm bei Gottlosen sein Grab und bei Reichen, da er gestorben war, wiewohl er niemand Unrecht getan hat noch Betrug in seinem Munde gewesen ist.

10 Aber der HERR wollte ihn also zerschlagen mit Krankheit. Wenn er sein Leben zum Schuldopfer gegeben hat, so wird er Samen haben und in die Länge leben, und des HERRN Vornehmen wird durch seine Hand fortgehen.

11 Darum, daß seine Seele gearbeitet hat, wird er seine Lust sehen und die Fülle haben. Und durch seine Erkenntnis wird er, mein Knecht, der Gerechte, viele gerecht machen; denn er trägt ihre Sünden.

12 Darum will ich ihm große Menge zur Beute geben, und er soll die Starken zum Raube haben, darum daß er sein Leben in den Tod gegeben hat und den Übeltätern gleich gerechnet ist und er vieler Sünde getragen hat und für die Übeltäter gebeten. [Er aber hat die Sünde vieler getragen und für die Verbrecher Fürbitte getan. (16)]

54. Kapitel

Gott verheißt seinem Volk Ausbreitung in aller Welt und sichert ihm seine ewige Gnade zu.

1 Rühme, du Unfruchtbare, die du nicht gebierst! Freue dich mit Rühmen und jauchze,

die du nicht schwanger bist! Denn die Einsame hat mehr Kinder, als die den Mann hat, spricht der HERR.

2 Mache den Raum deiner Hütte weit, und breite aus die Teppiche deiner Wohnung; spare nicht! Dehne deine Seile lang und stecke deine Nägel fest!

3 Denn du wirst ausbrechen zur Rechten und zur Linken, und dein Same wird die Heiden erben und in den verwüsteten Städten wohnen. [Denn nach rechts und nach links wirst du dich ausbreiten, und deine Nachkommenschaft wird ganze Völker beerben und verödete Städte neu bevölkern. (17)]

4 Fürchte dich nicht, denn du sollst nicht zu Schanden werden; werde nicht blöde, denn du sollst nicht zum Spott werden; sondern du wirst die Schande deiner Jungfrauschaft vergessen und der Schmach deiner Witwenschaft nicht mehr gedenken.

5 Denn der dich gemacht hat, ist dein Mann, der HERR Zebaoth heißt sein Name, und dein Erlöser, der Heilige in Israel, der aller Welt Gott genannt wird.

6 Denn der HERR hat dich zu sich gerufen wie ein verlassenes und von Herzen betrübtes Weib und wie ein junges Weib, das verstoßen ist, spricht dein Gott.

7 Ich habe dich einen kleinen Augenblick verlassen; aber mit großer Barmherzigkeit will ich dich sammeln.

8 Ich habe mein Angesicht im Augenblick des Zorns ein wenig vor dir verborgen, aber mit ewiger Gnade will ich mich dein erbarmen, spricht der HERR, dein Erlöser.

9 Denn solches soll mir sein wie das Wasser Noahs, da ich schwur, daß die Wasser Noahs sollten nicht mehr über den Erdboden gehen. Also habe ich geschworen, daß ich nicht über dich zürnen noch dich schelten will.

10 Denn es sollen wohl Berge weichen und Hügel hinfallen; aber meine Gnade soll nicht von dir weichen, und der Bund meines Friedens soll nicht hinfallen, spricht der HERR, dein Erbarmer.

11 Du Elende, über die alle Wetter gehen, und du Trostlose, siehe, ich will deine Steine wie einen Schmuck legen und will deinen Grund mit Saphiren legen

12 und deine Zinnen aus Kristallen machen und deine Tore von Rubinen und alle deine Grenzen von erwählten Steinen

13 und alle deine Kinder gelehrt vom HERRN und großen Frieden deinen Kindern.

14 Du sollst durch Gerechtigkeit bereitet werden. Du wirst ferne sein von Gewalt und Unrecht, daß du dich davor nicht darfst fürchten, und von Schrecken, denn es soll nicht zu dir nahen.

15 Siehe, wer will sich wider dich rotten und dich überfallen, so sie sich ohne mich rotten?

16 Siehe, ich schaffe es, daß der Schmied, der die Kohlen aufbläst, eine Waffe daraus mache

nach seinem Handwerk; und ich schaffe es, daß der Verderber sie zunichte mache. [Ich habe ja doch den Schmied geschaffen, der das Kohlenfeuer zur Glut entfacht und eine Waffe mit seiner Kunstfertigkeit herstellt; und ich bin es auch, der den Verderber geschaffen hat, um zu vernichten. (18)]

17 Einer jeglichen Waffe, die wider dich zubereitet wird, soll es nicht gelingen; und alle Zunge, so sich wider dich setzt, sollst du im Gericht verdammen. Das ist das Erbe der Knechte des HERRN und ihre Gerechtigkeit von mir, spricht der HERR.

55. Kapitel

Allgemeine Einladung zum Gnadenbunde Gottes.
Die unfehlbare Wirkung des göttlichen Wortes.

1 Wohlan, alle, die ihr durstig seid, kommet her zum Wasser! und die ihr nicht Geld habt, kommet her, kaufet und esset; kommt her und kauft ohne Geld und umsonst beides, Wein und Milch!

2 Warum zählet ihr Geld dar, da kein Brot ist und tut Arbeit, davon ihr nicht satt werden könnt? Höret mir doch zu und esset das Gute, so wird eure Seele am Fetten ihre Lust haben.

3 Neiget eure Ohren her und kommet her zu mir, höret, so wird eure Seele leben; denn ich

will mit euch einen ewigen Bund machen, daß ich euch gebe die gewissen Gnaden Davids.

4 Siehe, ich habe ihn den Leuten zum Zeugen gestellt, zum Fürsten und Gebieter den Völkern.

5 Siehe, du wirst Heiden rufen, die du nicht kennst; und Heiden, die dich nicht kennen, werden zu dir laufen um des HERRN willen, deines Gottes, und des Heiligen in Israel, der dich herrlich gemacht hat.

6 Suchet den HERRN, solange er zu finden ist; rufet ihn an, solange er nahe ist.

7 Der Gottlose lasse von seinem Wege und der Übeltäter seine Gedanken und bekehre sich zum HERRN, so wird er sich sein erbarmen, und zu unserm Gott, denn bei ihm ist viel Vergebung.

8 Denn meine Gedanken sind nicht eure Gedanken, und eure Wege sind nicht meine Wege, spricht der HERR;

9 sondern soviel der Himmel höher ist denn die Erde, so sind auch meine Wege höher denn eure Wege und meine Gedanken denn eure Gedanken.

10 Denn gleichwie der Regen und Schnee vom Himmel fällt und nicht wieder dahinkommt, sondern feuchtet die Erde und macht sie fruchtbar und wachsend, daß sie gibt Samen, zu säen, und Brot, zu essen:

11 also soll das Wort, so aus meinem Munde geht, auch sein. Es soll nicht wieder zu mir leer

kommen, sondern tun, was mir gefällt, und soll ihm gelingen, dazu ich's sende.

12 Denn ihr sollt in Freuden ausziehen und im Frieden geleitet werden. Berge und Hügel sollen vor euch her frohlocken mit Ruhm und alle Bäume auf dem Felde mit den Händen klatschen.

13 Es sollen Tannen für Hecken wachsen und Myrten für Dornen; und dem HERRN soll ein Name und ewiges Zeichen sein, das nicht ausgerottet werde.

III.
Anhänge zum zweiten Buche Jesajas

56. Kapitel

Ermahnung zur Gottseligkeit. Bekehrung der Heiden. Strafe schlechter Hirten des Volks.

1 So spricht der HERR: Haltet das Recht und tut Gerechtigkeit; denn mein Heil ist nahe, daß es komme, und meine Gerechtigkeit, daß sie offenbart werde.

2 Wohl dem Menschen, der solches tut, und dem Menschenkind, der es festhält, daß er den

Sabbat halte und nicht entheilige und halte seine Hand, daß er kein Arges tue!

3 Und der Fremde, der zum HERRN sich getan hat, soll nicht sagen: Der HERR wird mich scheiden von seinem Volk: [Gewiss wird der HERR mich ausschliessen aus seinem Volk! (19)]; und der Verschnittene soll nicht sagen: Siehe, ich bin ein dürrer Baum. [Und der Eunuch soll nicht sagen: Sieh, ich bin ein vertrockneter Baum! (20)]

4 Denn so spricht der HERR von den Verschnittenen, welche meine Sabbate halten und erwählen, was mir wohl gefällt, und meinen Bund fest fassen:

5 Ich will ihnen in meinem Hause und in meinen Mauern einen Ort und einen Namen geben, besser denn Söhne und Töchter; einen ewigen Namen will ich ihnen geben, der nicht vergehen soll.

6 Und die Fremden, die sich zum HERR getan haben, daß sie ihm dienen und seinen Namen lieben, auf daß sie seine Knechte seien, ein jeglicher, der den Sabbat hält, daß er ihn nicht entweihe, und meinen Bund festhält,

7 die will ich zu meinem heiligen Berge bringen und will sie erfreuen in meinem Bethause, und ihre Opfer und Brandopfer sollen mir angenehm sein auf meinem Altar; denn mein Haus wird heißen ein Bethaus allen Völkern.

8 Der HERR HERR, der die Verstoßenen aus Israel sammelt, spricht: Ich will noch mehr zu

dem Haufen derer, die versammelt sind, sammeln.

9 Alle Tiere auf dem Felde, kommet, und fresset, ja alle Tiere im Walde!

10 Alle ihre Wächter sind blind, sie wissen nichts; stumme Hunde sind sie, die nicht strafen können, sind faul, liegen und schlafen gerne.

11 Es sind aber gierige Hunde, die nimmer satt werden können. Sie, die Hirten, wissen keinen Verstand; ein jeglicher sieht auf seinen Weg, ein jeglicher geizt für sich in seinem Stande.

12 "Kommt her, laßt uns Wein holen und uns vollsaufen, und soll morgen sein wie heute und noch viel mehr."

57. Kapitel

*Frieden, auch im Tod, haben die Gerechten,
Unfrieden die Gottlosen.*

1 Aber der Gerechte kommt um, und niemand ist, der es zu Herzen nehme; und heilige Leute werden aufgerafft, und niemand achtet darauf. Denn die Gerechten werden weggerafft vor dem Unglück;

2 und die richtig vor sich gewandelt haben, kommen zum Frieden und ruhen in ihren Kammern.

3 Und ihr, kommt herzu, ihr Kinder der

Tagewählerin, ihr Same des Ehebrechers und der Hure!

4 An wem wollt ihr nun eure Lust haben? Über wen wollt ihr nun das Maul aufsperren und die Zunge herausrecken? Seid ihr nicht die Kinder der Übertretung und ein falscher Same,

5 die ihr in der Brunst zu den Götzen lauft unter alle grünen Bäume und schlachtet die Kinder an den Bächen, unter den Felsklippen?

6 Dein Wesen ist an den glatten Bachsteinen, die sind dein Teil; ihnen schüttest du dein Trankopfer, da du Speisopfer opferst. Sollte ich mich darüber trösten?

7 Du machst dein Lager auf einem hohen, erhabenen Berg und gehst daselbst auch hinauf, zu opfern.

8 Und hinter die Tür und den Pfosten setzest du dein Denkmal. Denn du wendest dich von mir und gehst hinauf und machst dein Lager weit und verbindest dich mit ihnen; du liebst ihr Lager, wo du sie ersiehst.

9 Du ziehst mit Öl zum König und machst viel deiner Würze und sendest deine Botschaft in die Ferne und bist erniedrigt bis zur Hölle.

10 Du zerarbeitest dich in der Menge deiner Wege und sprichst nicht: Ich lasse es; sondern weil du Leben findest in deiner Hand, wirst du nicht müde.

11 Vor wem bist du so in Sorge und fürchtest dich also, daß du mit Lügen umgehst und denkst an mich nicht und nimmst es nicht zu Herzen?

Meinst du, ich werde allewege schweigen, daß du mich so gar nicht fürchtest?

12 Ich will aber deine Gerechtigkeit anzeigen und deine Werke, daß sie dir nichts nütze sein sollen.

13 Wenn du rufen wirst, so laß dir deine Götzenhaufen helfen; aber der Wind wird sie alle wegführen, und wie ein Hauch sie wegnehmen. Aber wer auf mich traut, wird das Land erben und meinen heiligen Berg besitzen

14 und wird sagen: Machet Bahn, machet Bahn! räumet den Weg, hebet die Anstöße aus dem Wege meines Volkes!

15 Denn also spricht der Hohe und Erhabene, der ewiglich wohnt, des Name heilig ist: Der ich in der Höhe und im Heiligtum wohne und bei denen, die zerschlagenen und demütigen Geistes sind, auf daß ich erquicke den Geist der Gedemütigten und das Herz der Zerschlagenen:

16 Ich will nicht immerdar hadern und nicht ewiglich zürnen; sondern es soll von meinem Angesicht ein Geist wehen, und ich will Odem machen.

17 Ich war zornig über die Untugend ihres Geizes und schlug sie, verbarg mich und zürnte; da gingen sie hin und her im Wege ihres Herzens.

18 Aber da ich ihre Wege ansah, heilte ich sie und leitete sie und gab ihnen wieder Trost und denen, die über jene Leid trugen.

19 Ich will Frucht der Lippen schaffen, die da predigen: Friede, Friede, denen in der Ferne und denen in der Nähe, spricht der HERR, und ich will sie heilen.

20 Aber die Gottlosen sind wie ein ungestümes Meer, das nicht still sein kann, und dessen Wellen Kot und Unflat auswerfen.

21 Die Gottlosen haben nicht Frieden, spricht mein Gott.

58. Kapitel

Strafe der Scheinheiligkeit.

1 Rufe getrost, schone nicht, erhebe deine Stimme wie eine Posaune und verkündige meinem Volk ihr Übertreten und dem Hause Jakob ihre Sünden.

2 Sie suchen mich täglich und wollen meine Wege wissen wie ein Volk, das Gerechtigkeit schon getan und das Recht ihres Gottes nicht verlassen hätte. Sie fordern mich zu Recht und wollen mit ihrem Gott rechten. [und erwarten ungeduldig eine Kundgebung Gottes (21)]

3 "Warum fasten wir, und du siehst es nicht an? Warum tun wir unserm Leibe wehe, und du willst's nicht wissen?" Siehe, wenn ihr fastet, so übt ihr doch euren Willen und treibt alle eure Arbeiter.

4 Siehe, ihr fastet, daß ihr hadert und zanket und schlaget mit gottloser Faust. Wie ihr jetzt tut, fastet ihr nicht also, daß eure Stimme in der Höhe gehört würde.

5 Sollte das ein Fasten sein, das ich erwählen soll, daß ein Mensch seinem Leibe des Tages übel tue oder seinen Kopf hänge wie ein Schilf oder auf einem Sack und in der Asche liege? Wollt ihr das ein Fasten nennen und einen Tag, dem HERRN angenehm?

6 Das ist aber ein Fasten, das ich erwähle: Laß los, welche du mit Unrecht gebunden hast; laß ledig, welche du beschwerst; gib frei, welche du drängst; reiß weg allerlei Last;

7 brich dem Hungrigen dein Brot, und die, so im Elend sind, führe ins Haus; so du einen nackt siehst, so kleide ihn, und entzieh dich nicht von deinem Fleisch.

8 Alsdann wird dein Licht hervorbrechen wie die Morgenröte, und deine Besserung wird schnell wachsen, und deine Gerechtigkeit wird vor dir hergehen, und die Herrlichkeit des HERRN wird dich zu sich nehmen.

9 Dann wirst du rufen, so wird dir der HERR antworten; wenn du wirst schreien, wird er sagen: Siehe, hier bin ich. So du niemand bei dir beschweren wirst noch mit dem Fingern zeigen noch übel reden

10 und wirst den Hungrigen lassen finden dein Herz und die elende Seele sättigen: so wird dein

Licht in der Finsternis aufgehen, und dein Dunkel wird sein wie der Mittag;

11 und der HERR wird dich immerdar führen und deine Seele sättigen in der Dürre und deine Gebeine stärken; und du wirst sein wie ein gewässerter Garten und wie eine Wasserquelle, welcher es nimmer an Wasser fehlt;

12 und soll durch dich gebaut werden, was lange wüst gelegen ist; und wirst Grund legen, der für und für bleibe; und sollst heißen: Der die Lücken verzäunt und die Wege bessert, daß man da wohnen möge.

13 So du deinen Fuß von dem Sabbat kehrst, daß du nicht tust, was dir gefällt an meinem heiligen Tage, und den Sabbat eine Lust heißt und den Tag, der dem HERRN heilig ist, ehrest, so du ihn also ehrest, daß du nicht tust deine Wege, noch darin erfunden werde, was dir gefällt oder leeres Geschwätz;

14 alsdann wirst du Lust haben am HERRN, und ich will dich über die Höhen auf Erden schweben lassen und will dich speisen mit dem Erbe deines Vaters Jakob; denn des HERRN Mund sagt's.

59. Kapitel

*Verderben des gottlosen Volks;
Verheißung eines Erlösers.*

1 Siehe, des HERRN Hand ist nicht zu kurz, daß er nicht helfen könne, und seine Ohren sind nicht hart geworden, daß er nicht höre;
2 sondern eure Untugenden scheiden euch und euren Gott voneinander, und eure Sünden verbergen das Angesicht vor euch, daß ihr nicht gehört werdet.
3 Denn eure Hände sind mit Blut befleckt und eure Finger mit Untugend; eure Lippen reden Falsches, eure Zunge dichtet Unrechtes.
4 Es ist niemand, der von Gerechtigkeit predige oder treulich richte. Man vertraut aufs Eitle und redet nichts Tüchtiges; mit Unglück sind sie schwanger und gebären Mühsal.
5 Sie brüten Basiliskeneier und wirken Spinnwebe. Ißt man von ihren Eiern, so muß man sterben; zertritt man's aber, so fährt eine Otter heraus.
6 Ihre Spinnwebe taugt nicht zu Kleidern, und ihr Gewirke taugt nicht zur Decke; denn ihr Werk ist Unrecht, und in ihren Händen ist Frevel.
7 Ihre Füße laufen zum Bösen, und sie sind schnell, unschuldig Blut zu vergießen; ihre Gedanken sind Unrecht, ihr Weg ist eitel Verderben und Schaden;

8 sie kennen den Weg des Friedens nicht, und ist kein Recht in ihren Gängen; sie sind verkehrt auf ihren Straßen; wer darauf geht, der hat nimmer Frieden.

9 Darum ist das Recht fern von uns, und wir erlangen die Gerechtigkeit nicht. Wir harren aufs Licht, siehe, so wird's finster, auf den Schein, siehe, so wandeln wir im Dunkeln.

10 Wir tappen nach der Wand wie die Blinden und tappen, wie die keine Augen haben. Wir stoßen uns im Mittag wie in der Dämmerung; wir sind im Düstern wie die Toten.

11 Wir brummen alle wie die Bären und ächzen wie die Tauben; denn wir harren aufs Recht, so ist's nicht da, aufs Heil, so ist's ferne von uns.

12 Denn unsere Übertretungen vor dir sind zu viel, und unsre Sünden antworten wider uns. Denn unsre Übertretungen sind bei uns und wir fühlen unsere Sünden:

13 mit Übertreten und Lügen wider den HERRN und Zurückkehren von unserm Gott und mit Reden von Frevel und Ungehorsam, mit Trachten und dichten falscher Worte aus dem Herzen.

14 Und das Recht ist zurückgewichen und Gerechtigkeit fern getreten; denn die Wahrheit fällt auf der Gasse, und Recht kann nicht einhergehen,

15 und die Wahrheit ist dahin; und wer vom Bösen weicht, der muß jedermanns Raub sein.

Solches sieht der HERR, und es gefällt ihm übel, daß kein Recht da ist.

16 Und er sieht, daß niemand da ist, und verwundert sich, daß niemand ins Mittel tritt. Darum hilft er sich selbst mit seinem Arm, und seine Gerechtigkeit steht ihm bei.

17 Denn er zieht Gerechtigkeit an wie einen Panzer und setzt einen Helm des Heils auf sein Haupt und zieht sich an zur Rache und kleidet sich mit Eifer wie mit einem Rock,

18 als der seinen Widersachern vergelten und seinen Feinden mit Grimm bezahlen will; ja, den Inseln will er bezahlen, [An den Inseln übt er Vergeltung. (22); selbst den (entfernten) Inseln wird er den verdienten Lohn bezahlen! (23)]

19 daß der Name des HERRN gefürchtet werde vom Niedergang und seine Herrlichkeit vom Aufgang der Sonne, wenn er kommen wird wie ein aufgehaltener Strom, den der Wind des HERRN treibt.

20 Denn denen zu Zion wird ein Erlöser kommen und denen, die sich bekehren von den Sünden in Jakob, spricht der HERR.

21 Und ich mache solchen Bund mit ihnen, spricht der HERR: mein Geist, der bei dir ist, und meine Worte, die ich in deinen Mund gelegt habe, sollen von deinem Munde nicht weichen noch von dem Munde deines Samens und Kindeskindes, spricht der HERR, von nun an bis in Ewigkeit.

60. Kapitel

*Zions Herrlichkeit. Bekehrung der Heiden.
Der Herr, das ewige Licht seines Volkes.*

1 Mache dich auf, werde licht! denn dein Licht kommt, und die Herrlichkeit des HERRN geht auf über dir.
2 Denn siehe, Finsternis bedeckt das Erdreich und Dunkel die Völker; aber über dir geht auf der HERR, und seine Herrlichkeit erscheint über dir.
3 Und die Heiden werden in deinem Lichte wandeln und die Könige im Glanz, der über dir aufgeht.
4 Hebe deine Augen auf und siehe umher: diese alle versammelt kommen zu dir. Deine Söhne werden von ferne kommen und deine Töchter auf dem Arme hergetragen werden.
5 Dann wirst du deine Lust sehen und ausbrechen, und dein Herz wird sich wundern und ausbreiten, wenn sich die Menge am Meer zu dir bekehrt und die Macht der Heiden zu dir kommt.
6 Denn die Menge der Kamele wird dich bedecken, die jungen Kamele aus Midian und Epha. Sie werden aus Saba alle kommen, Gold und Weihrauch bringen und des HERRN Lob verkündigen.
7 Alle Herden in Kedar sollen zu dir versammelt werden, und die Böcke Nebajoths sollen dir

dienen. Sie sollen als ein angenehmes Opfer auf meinen Altar kommen; denn ich will das Haus meiner Herrlichkeit zieren.

8 Wer sind die, welche fliegen wie die Wolken und wie die Tauben zu ihren Fenstern?

9 Die Inseln harren auf mich und die Schiffe im Meer von längsther (24), daß sie deine Kinder von ferne herzubringen samt ihrem Silber und Gold, dem Namen des HERRN, deines Gottes, und dem Heiligen in Israel, der dich herrlich gemacht hat.

10 Fremde werden deine Mauern bauen, und ihre Könige werden dir dienen. Denn in meinem Zorn habe ich dich geschlagen, und in meiner Gnade erbarme ich mich über dich.

11 Und deine Tore sollen stets offen stehen, weder Tag noch Nacht zugeschlossen werden, daß der Heiden Macht zu dir gebracht und ihre Könige herzugeführt werden.

12 Denn welche Heiden oder Königreiche dir nicht dienen wollen, die sollen umkommen und die Heiden verwüstet werden.

13 Die Herrlichkeit des Libanon soll an dich kommen, Tannen, Buchen und Buchsbaum miteinander, zu schmücken den Ort meines Heiligtums; denn ich will die Stätte meiner Füße herrlich machen.

14 Es werden auch gebückt zu dir kommen, die dich unterdrückt haben; und alle; die dich gelästert haben, werden niederfallen zu deinen

Füßen und werden dich nennen eine Stadt des HERRN, ein Zion des Heiligen in Israel.

15 Denn darum, daß du bist die Verlassene und Gehaßte gewesen, da niemand hindurchging, will ich dich zur Pracht ewiglich machen und zur Freude für und für,

16 daß du sollst Milch von den Heiden saugen, und der Könige Brust soll dich säugen, auf daß du erfährst, daß ich, der HERR, bin dein Heiland, und ich, der Mächtige in Jakob, bin dein Erlöser.

17 Ich will Gold anstatt des Erzes und Silber anstatt des Eisens bringen und Erz anstatt des Holzes und Eisen anstatt der Steine; und will zu deiner Obrigkeit den Frieden machen und zu deinen Vögten die Gerechtigkeit.

18 Man soll keinen Frevel mehr hören in deinem Lande noch Schaden oder Verderben in deinen Grenzen; sondern deine Mauern sollen Heil und deine Tore Lob heißen.

19 Die Sonne soll nicht mehr des Tages dir scheinen, und der Glanz des Mondes soll dir nicht leuchten; sondern der HERR wird dein ewiges Licht und dein Gott wird dein Preis sein.

20 Deine Sonne wird nicht mehr untergehen noch dein Mond den Schein verlieren; denn der HERR wird dein ewiges Licht sein, und die Tage deines Leides sollen ein Ende haben.

21 Und dein Volk sollen eitel Gerechte sein [Dann wird dein Volk in seiner Gesamtheit aus Gerechten bestehen (25)]; sie werden das Erdreich ewiglich besitzen, als die der Zweig

meiner Pflanzung und ein Werk meiner Hände sind zum Preise.

22 Aus dem Kleinsten sollen tausend werden und aus dem Geringsten ein mächtiges Volk. Ich, der HERR, will solches zu seiner Zeit eilend ausrichten.

61. Kapitel

*Evangelium
von der gnadenvollen Zukunft des Messias.*

1 Der Geist des HERRN HERRN ist über mir, darum, daß mich der HERR gesalbt hat. Er hat mich gesandt, den Elenden zu predigen, die zerbrochenen Herzen zu verbinden, zu verkündigen den Gefangenen die Freiheit, den Gebundenen, daß ihnen geöffnet werde,

2 zu verkündigen ein gnädiges Jahr des Herrn und einen Tag der Rache unsers Gottes, zu trösten alle Traurigen,

3 zu schaffen den Traurigen zu Zion, daß ihnen Schmuck für Asche und Freudenöl für Traurigkeit und schöne Kleider für einen betrübten Geist gegeben werden, daß sie genannt werden die Bäume der Gerechtigkeit, Pflanzen des HERRN zum Preise.

4 Sie werden die alten Wüstungen bauen, und was vorzeiten zerstört ist, aufrichten; sie werden

die verwüsteten Städte, so für und für zerstört gelegen sind, erneuern.

5 Fremde werden stehen und eure Herde weiden, und Ausländer werden eure Ackerleute und Weingärtner sein.

6 Ihr aber sollt Priester des HERRN heißen, und man wird euch Diener unsers Gottes nennen, und ihr werdet der Heiden Güter essen und in ihrer Herrlichkeit euch rühmen.

7 Für eure Schmach soll Zwiefältiges kommen, und für die Schande sollen sie fröhlich sein auf ihren Äckern; denn sie sollen Zwiefältiges besitzen in ihrem Lande, sie sollen ewige Freude haben.

8 Denn ich bin der HERR, der das Rechte liebt, und hasse räuberische Brandopfer; und will schaffen, daß ihr Lohn soll gewiß sein, und einen ewigen Bund will ich mit ihnen machen.

9 Und man soll ihren Samen kennen unter den Heiden und ihre Nachkommen unter den Völkern, daß, wer sie sehen wird, soll sie kennen, daß sie sein Same sind, gesegnet vom HERRN.

10 Ich freue mich im Herrn, und meine Seele ist fröhlich in meinem Gott; denn er hat mich angezogen mit Kleidern des Heils und mit dem Rock der Gerechtigkeit gekleidet, wie einen Bräutigam, mit priesterlichem Schmuck geziert, und wie eine Braut, die in ihrem Geschmeide prangt.

11 Denn gleichwie das Gewächs aus der Erde wächst und Same im Garten aufgeht, also wird Gerechtigkeit und Lob vor allen Heiden aufgehen aus dem HERRN HERRN.

62. Kapitel

Die zukünftige Herrlichkeit Zions.

1 Um Zions willen will ich nicht schweigen, und um Jerusalems willen will ich nicht innehalten, bis daß ihre Gerechtigkeit aufgehe wie ein Glanz und ihr Heil entbrenne wie eine Fackel,

2 daß die Heiden sehen deine Gerechtigkeit und alle Könige deine Herrlichkeit; und du sollst mit einem neuen Namen genannt werden, welchen des HERRN Mund nennen wird.

3 Und du wirst sein eine schöne Krone in der Hand des HERRN und ein königlicher Hut in der Hand deines Gottes.

4 Man soll dich nicht mehr die Verlassene noch dein Land eine Verwüstung heißen; sondern du sollst "Meine Lust an ihr" und dein Land "Liebes Weib" heißen: denn der HERR hat Lust an dir und dein Land hat einen lieben Mann.

5 Denn wie ein Mann ein Weib liebhat, so werden dich deine Kinder liebhaben; und wie sich ein Bräutigam freut über die Braut, so wird sich dein Gott über dich freuen.

6 O Jerusalem, ich will Wächter auf deine Mauern bestellen, die den ganzen Tag und die ganze Nacht nimmer stillschweigen sollen und die des HERRN gedenken sollen, auf daß bei euch kein Schweigen sei

7 und ihr von ihm nicht schweiget, bis daß Jerusalem zugerichtet und gesetzt werde zum Lobe auf Erden.

8 Der HERR hat geschworen bei seiner Rechten und bei dem Arm seiner Macht: Ich will dein Getreide nicht mehr deinen Feinden zu essen geben, noch deinen Most, daran du gearbeitet hast, die Fremden trinken lassen;

9 sondern die, so es einsammeln, sollen's auch essen und den HERRN rühmen, und die ihn einbringen, sollen ihn trinken in den Vorhöfen meines Heiligtums.

10 Gehet hin, gehet hin durch die Tore! bereitet dem Volk den Weg! machet Bahn, machet Bahn! räumet die Steine hinweg! werft ein Panier auf über die Völker!

11 Siehe, der HERR läßt sich hören bis an der Welt Ende: Saget der Tochter Zion: Siehe, dein Heil kommt! siehe, sein Lohn ist bei ihm, und seine Vergeltung ist vor ihm!

12 Man wird sie nennen das heilige Volk, die Erlösten des HERRN, und dich wird man heißen die besuchte und unverlassene Stadt.

63. Kapitel

Der Herr zertritt die Feinde.
Rückblick in die alten Tage.
Gebet um Erlösung.

1 Wer ist der, so von Edom kommt, mit rötlichen Kleidern von Bozra? der so geschmückt ist in seinen Kleidern und einhertritt in seiner großen Kraft? "Ich bin's, der Gerechtigkeit lehrt und ein Meister ist zu helfen."
2 Warum ist dein Gewand so rotfarben und dein Kleid wie eines Keltertreters?
3 "Ich trete die Kelter allein, und ist niemand unter den Völkern mit mir. Ich habe sie gekeltert in meinem Zorn und zertreten in meinem Grimm. Daher ist ihr Blut auf meine Kleider gespritzt, und ich habe all mein Gewand besudelt.
4 Denn ich habe einen Tag der Rache mir vorgenommen; das Jahr, die Meinen zu erlösen, ist gekommen.
5 Und ich sah mich um, und da war kein Helfer; und ich verwunderte mich, und niemand stand mir bei; sondern mein Arm mußte mir helfen, und mein Zorn stand mir bei.
6 Und ich habe die Völker zertreten in meinem Zorn und habe sie trunken gemacht in meinem Grimm und ihr Blut auf die Erde geschüttet."
7 Ich will der Gnade des HERRN gedenken und des Lobes des HERRN in allem, was uns der

HERR getan hat, und in der großen Güte an dem Hause Israel, die er ihnen erzeigt hat nach seiner Barmherzigkeit und großen Gnade.

8 Denn er sprach: Sie sind ja mein Volk, Kinder, die nicht falsch sind. Darum war er ihr Heiland.

9 Wer sie ängstete, der ängstete ihn auch; und der Engel seines Angesichts half ihnen. Er erlöste sie, darum daß er sie liebte und ihrer schonte. Er nahm sie auf und trug sie allezeit von alters her.

10 Aber sie erbitterten und entrüsteten seinen heiligen Geist; darum ward er ihr Feind und stritt wider sie.

11 Und sein Volk gedachte wieder an die vorigen Zeiten, an Mose: "Wo ist denn nun, der sie aus dem Meer führte samt dem Hirten seiner Herde? Wo ist, der seinen heiligen Geist unter sie gab?

12 der Mose bei der rechten Hand führte durch seinen herrlichen Arm? der die Wasser trennte vor ihnen her, auf daß er sich einen ewigen Namen machte?

13 der sie führte durch die Tiefen wie die Rosse in der Wüste, die nicht straucheln?

14 Wie das Vieh ins Feld hinabgeht, brachte der Geist des HERRN sie zur Ruhe; also hast du dein Volk geführt, auf daß du dir einen herrlichen Namen machtest."

15 So schaue nun vom Himmel und siehe herab von deiner heiligen, herrlichen Wohnung. Wo ist nun dein Eifer, deine Macht? Deine große,

herzliche Barmherzigkeit hält sich hart gegen mich.

16 Bist du doch unser Vater; denn Abraham weiß von uns nicht, und Israel kennt uns nicht. Du aber, HERR, bist unser Vater und unser Erlöser; von alters her ist das dein Name.

17 Warum lässest du uns, HERR, irren von deinen Wegen und unser Herz verstocken, daß wir dich nicht fürchten? Kehre wieder um deiner Knechte willen, um der Stämme willen deines Erbes.

18 Sie besitzen dein heiliges Volk schier ganz; deine Widersacher zertreten dein Heiligtum.

19 Wir sind geworden wie solche, über die du niemals herrschtest und die nicht nach deinem Namen genannt wurden.

64. Kapitel

Fortsetzung des Gebets um Erlösung.

1 Ach daß du den Himmel zerrissest und führest herab, daß die Berge vor dir zerflössen, wie ein heißes Wasser vom heftigen Feuer versiedet,

(64-1b) daß dein Name kund würde unter deinen Feinden und die Heiden vor dir zittern müßten,

2 durch die Wunder, die du tust, deren man

sich nicht versieht, daß du herabführest und die Berge vor dir zerflössen!

3 Wie denn von der Welt her nicht vernommen ist noch mit Ohren gehört, auch kein Auge gesehen hat einen Gott außer dir, der so wohltut denen, die auf ihn harren.

4 Du begegnest dem Fröhlichen und denen, so Gerechtigkeit übten und auf deinen Wegen dein gedachten. Siehe, du zürntest wohl, da wir sündigten und lange darin blieben; uns ward aber dennoch geholfen.

5 Aber nun sind wir allesamt wie die Unreinen, und alle unsre Gerechtigkeit ist wie ein unflätig Kleid. Wir sind alle verwelkt wie die Blätter, und unsre Sünden führen uns dahin wie Wind.

6 Niemand ruft deinen Namen an oder macht sich auf, daß er sich an dich halte; denn du verbirgst dein Angesicht vor uns und lässest uns in unsern Sünden verschmachten.

7 Aber nun, HERR, du bist unser Vater; wir sind der Ton, du bist der Töpfer; und wir alle sind deiner Hände Werk.

8 HERR, zürne nicht zu sehr und denke nicht ewig der Sünde. Siehe doch das an, daß wir alle dein Volk sind.

9 Die Städte deines Heiligtums sind zur Wüste geworden; Zion ist zur Wüste geworden, Jerusalem liegt zerstört.

10 Das Haus unsrer Heiligkeit und Herrlichkeit, darin dich unsre Väter gelobt haben, ist mit

Feuer verbrannt; und alles, was wir Schönes hatten, ist zu Schanden gemacht.

11 HERR, willst du so hart sein zu solchem und schweigen und uns so sehr niederschlagen?

65. Kapitel

Antwort des Herrn:
Annahme der Heiden und eines Rests von Israel,
Strafe des abgefallenen Volks.

1 Ich werde gesucht von denen, die nicht nach mir fragten; ich werde gefunden von denen, die mich nicht suchten; und zu den Heiden, die meinen Namen nicht anriefen, sage ich: Hier bin ich, hier bin ich!

2 Ich recke meine Hand aus den ganzen Tag zu einem ungehorsamen Volk, das seinen Gedanken nachwandelt auf einem Wege, der nicht gut ist.

3 Ein Volk, das mich entrüstet, ist immer vor meinem Angesicht, opfert in den Gärten und räuchert auf den Ziegelsteinen,

4 sitzt unter den Gräbern und bleibt über Nacht in den Höhlen, fressen Schweinefleisch und haben Gräuelsuppen in ihren Töpfen

5 und sprechen: "Bleibe daheim und rühre mich nicht an; denn ich bin heilig." Solche sollen ein Rauch werden in meinem Zorn, ein Feuer, das den ganzen Tag brenne.

6 Siehe, es steht vor mir geschrieben: Ich will nicht schweigen, sondern bezahlen; ja, ich will ihnen in ihren Busen bezahlen, [Sieh, es ist aufgeschrieben vor mir, ich werde nicht schweigen, bis ich es vergolten habe! Und in ihren Gewandbausch werde ich es ihnen vergelten (26)]

7 beide, ihre Missetaten und ihrer Väter Missetaten miteinander, spricht der HERR, die auf den Bergen geräuchert und mich auf den Hügeln geschändet haben; ich will ihnen zumessen ihr voriges Tun in ihren Busen.

8 So spricht der HERR: Gleich, als wenn man Most in der Traube findet und spricht: "Verderbe es nicht, denn es ist ein Segen darin!", also will ich um meiner Knechte willen tun, daß ich es nicht alles verderbe,

9 sondern will aus Jakob Samen wachsen lassen und aus Juda, der meinen Berg besitze; denn meine Auserwählten sollen ihn besitzen, und meine Knechte sollen daselbst wohnen.

10 Und Saron soll eine Weide für die Herde und das Tal Achor soll zum Viehlager werden meinem Volk, das mich sucht.

11 Aber ihr, die ihr den HERRN verlasset und meines heiligen Berges vergesset und richtet dem Gad einen Tisch und schenkt vom Trankopfer voll ein der Meni [die ihr dem Glücksgott den Tisch herrichtet und der Schicksalsgöttin Würzwein (als Trankopfer) einschenkt (27)],

12 wohlan ich will euch zählen zum Schwert, daß ihr euch alle bücken müßt zur Schlachtung, darum, daß ich rief, und ihr antwortetet nicht, daß ich redete, und ihr hörtet nicht, sondern tatet, was mir übel gefiel, und erwähltet, was mir nicht gefiel.

13 Darum, spricht der HERR HERR also: Siehe, meine Knechte sollen essen, ihr aber sollt hungern; siehe, meine Knechte sollen trinken, ihr aber sollt dürsten; siehe, meine Knechte sollen fröhlich sein, ihr aber sollt zu Schanden werden;

14 siehe, meine Knechte sollen vor gutem Mut jauchzen, ihr aber sollt vor Herzeleid schreien und vor Jammer heulen

15 und sollt euren Namen lassen meinen Auserwählten zum Schwur; und der HERR wird dich töten und seine Knechte mit einem andern Namen nennen,

16 daß, welcher sie segnen wird auf Erden, der wird sich in dem wahrhaftigen Gott segnen, und welcher schwören wird auf Erden, der wird bei dem wahrhaftigen Gott schwören; denn der vorigen Ängste ist vergessen, und sie sind vor meinen Augen verborgen.

17 Denn siehe, ich will einen neuen Himmel und eine neue Erde schaffen, daß man der vorigen nicht mehr gedenken wird noch sie zu Herzen nehmen;

18 sondern sie werden sich ewiglich freuen und fröhlich sein über dem, was ich schaffe. Denn

siehe, ich will Jerusalem schaffen zur Wonne und ihr Volk zur Freude,

19 und ich will fröhlich sein über Jerusalem und mich freuen über mein Volk; und soll nicht mehr darin gehört werden die Stimme des Weinens noch die Stimme des Klagens.

20 Es sollen nicht mehr dasein Kinder, die nur etliche Tage leben, oder Alte, die ihre Jahre nicht erfüllen; sondern die Knaben sollen hundert Jahre alt sterben und die Sünder hundert Jahre alt verflucht werden.

21 Sie werden Häuser bauen und bewohnen; sie werden Weinberge pflanzen und ihre Früchte essen.

22 Sie sollen nicht bauen, was ein andrer bewohne, und nicht pflanzen, was ein andrer esse. Denn die Tage meines Volkes werden sein wie die Tage eines Baumes; und das Werk ihrer Hände wird alt werden bei meinen Auserwählten.

23 Sie sollen nicht umsonst arbeiten noch unzeitige Geburt gebären; denn sie sind der Same der Gesegneten des HERRN und ihre Nachkommen mit ihnen.

24 Und soll geschehen, ehe sie rufen, will ich antworten; wenn sie noch reden, will ich hören.

25 Wolf und Lamm sollen weiden zugleich, der Löwe wird Stroh essen wie ein Rind, und die Schlange soll Erde essen. Sie werden nicht schaden noch verderben auf meinem ganzen heiligen Berge, spricht der HERR.

66. Kapitel

Strafe der Heuchler; das Heil des neuen Jerusalems, seine Ausbreitung unter den fernsten Heiden; das letzte Gericht.

1 So spricht der HERR: Der Himmel ist mein Stuhl und die Erde meine Fußbank; was ist's denn für ein Haus, daß ihr mir bauen wollt, oder welches ist die Stätte, da ich ruhen soll?

2 Meine Hand hat alles gemacht, was da ist, spricht der HERR. Ich sehe aber an den Elenden und der zerbrochenen Geistes ist und der sich fürchtet vor meinem Wort.

3 Wer einen Ochsen schlachtet, ist eben als der einen Mann erschlüge; wer ein Schaf opfert, ist als der einem Hund den Hals bräche; wer Speisopfer bringt, ist als der Saublut opfert, wer Weihrauch anzündet, ist als der das Unrecht lobt. Solches erwählen sie in ihren Wegen, und ihre Seele hat Gefallen an ihren Gräueln.

4 Darum will ich auch erwählen, was ihnen wehe tut; und was sie scheuen, will ich über sie kommen lassen, darum daß ich rief, und niemand antwortete, daß ich redete, und sie hörten nicht und taten, was mir übel gefiel, und erwählten, was mir nicht gefiel.

5 Höret des HERRN Wort, die ihr euch fürchtet vor seinem Wort: Eure Brüder, die euch hassen und sondern euch ab um meines Namens willen, sprechen: "Laßt sehen, wie herrlich der HERR

sei, laßt ihn erscheinen zu eurer Freude"; die sollen zu Schanden werden.

6 Man wird hören eine Stimme des Getümmels in der Stadt, eine Stimme vom Tempel, eine Stimme des HERRN, der seinen Feinden bezahlt.

7 Sie gebiert, ehe ihr wehe wird; sie ist genesen eines Knaben, ehe denn ihre Kindsnot kommt.

8 Wer hat solches je gehört? wer hat solches je gesehen? Kann auch, ehe denn ein Land die Wehen kriegt, ein Volk auf einmal geboren werden? Nun hat doch ja Zion ihre Kinder ohne Wehen geboren.

9 Sollte ich das Kind lassen die Mutter brechen und nicht auch lassen geboren werden? spricht der HERR. Sollte ich, der gebären läßt, verschließen? spricht dein Gott.

10 Freuet euch mit Jerusalem und seid fröhlich über sie, alle, die ihr sie liebhabt; freuet euch mit ihr, alle, die ihr hier über sie traurig gewesen seid!

11 Denn dafür sollt ihr saugen und satt werden von den Brüsten ihres Trostes; ihr sollt dafür saugen und euch ergötzen an der Fülle ihrer Herrlichkeit.

12 Denn also spricht der HERR: Siehe, ich breite aus den Frieden bei ihr wie einen Strom und die Herrlichkeit der Heiden wie einen ergossenen Bach; da werdet ihr saugen. Ihr sollt auf dem Arme getragen werden, und auf den Knieen wird man euch freundlich halten.

13 Ich will euch trösten, wie einen seine Mutter tröstet; ja, ihr sollt an Jerusalem ergötzt werden.

14 Ihr werdet's sehen, und euer Herz wird sich freuen, und euer Gebein soll grünen wie Gras. Da wird man erkennen die Hand des HERRN an seinen Knechten und den Zorn an seinen Feinden.

15 Denn siehe, der HERR wird kommen mit Feuer und seine Wagen wie ein Wetter, daß er vergelte im Grimm seines Zorns und mit Schelten in Feuerflammen.

16 Denn der HERR wird durchs Feuer richten und durch sein Schwert alles Fleisch; und der Getöteten des HERRN wird viel sein.

17 Die sich heiligen und reinigen in den Gärten, einer hier, der andere da, und essen Schweinefleisch, Gräuel und Mäuse, sollen weggerafft werden miteinander, spricht der HERR.

18 Und ich kenne ihre Werke und Gedanken. Es kommt die Zeit, daß ich sammle alle Heiden und Zungen, daß sie kommen und sehen meine Herrlichkeit.

19 Und ich will ein Zeichen unter sie geben und ihrer etliche, die errettet sind, senden zu den Heiden, gen Tharsis, gen Phul und Lud zu den Bogenschützen, gen Thubal und Javan und in die Ferne zu den Inseln, da man nichts von mir gehört hat und die meine Herrlichkeit nicht gesehen haben; und sollen meine Herrlichkeit unter den Heiden verkündigen.

20 Und sie werden alle eure Brüder aus allen Heiden herzubringen, dem HERR zum Speisopfer, auf Rossen und Wagen, auf Sänften, auf Maultieren und Dromedaren gen Jerusalem, zu meinem heiligen Berge, spricht der HERR, gleichwie die Kinder Israel Speisopfer in reinem Gefäß bringen zum Hause des HERRN.

21 Und ich will auch aus ihnen nehmen Priester und Leviten, spricht der HERR.

22 Denn gleichwie der neue Himmel und die neue Erde, die ich mache, vor mir stehen, spricht der HERR, also soll auch euer Same und Name stehen.

23 Und alles Fleisch wird einen Neumond nach dem andern und einen Sabbat nach dem andern kommen, anzubeten vor mir, spricht der HERR.

24 Und sie werden hinausgehen und schauen die Leichname der Leute, die an mir übel gehandelt haben; denn ihr Wurm wird nicht sterben, und ihr Feuer nicht verlöschen, und werden allem Fleisch ein Gräuel sein.

Anhang und Register

(1) Das Werg, als Arbeitsstoff auch Werch, Abwerch, Werrig, Hede oder der Kauder genannt, ist eine niedere Faserqualität, die beim Schwingen, Ribben und Hecheln von Bastfasern wie Leinen, Hanf oder Jute als Abfall bei der Arbeit anfällt.

(2) zum Gerben verwendete, zerkleinerte Rinde, besonders von jungen Eichen und Fichten; Gerberlohe

(3) Elberfelder Bibel

(4) Elberfelder Bibel

(5) veraltet: zu dritt, zu dritt miteinander, zu dritt miteinander dargestellt

(6) Elberfelder Bibel

(7) Schlachter 2000

(8) Menge Bibel

(9) worfeln, Verb, (das ausgedroschene Getreide) mit einer Schaufel gegen den Wind werfen, um so die leichtere Spreu von den schwereren Körnern zu trennen

durch Schwingen oder Worfeln ausgesondert - Getreide von der Spreu trennen, auch: gesondert, getrennt; geprüft, erwogen.

(10) Gottesherd, Feuerherd Gottes

(11) Der Êrzschênke, des -n, plur. die -n, von 2 Erz, ein Erzbeamter des Deutschen Reiches, der die Stelle eines Schenken bey dem Kaiser und Reiche vertritt, oder durch den Erbschenken vertreten lässet. Die Churfürsten von Böhmen sind jederzeit Erzschenken des Reiches. In der Deutschen Bibel werden die obersten Schenken königlicher Personen mehrmahls Erzschenken genannt. (Quelle: zeno.org/adelung)

(12) vergl. unterschiedliche Bibelübersetzungen, siehe auch: Der Verkehr mit der Geisterwelt Gottes, seine Gesetze und sein Zweck

(13) vergl. unterschiedliche Bibelübersetzungen, siehe auch: Der Verkehr mit der Geisterwelt Gottes, seine Gesetze und sein Zweck

(14) vergl. unterschiedliche Bibelübersetzungen, siehe auch: Der Verkehr mit der Geisterwelt Gottes, seine Gesetze und sein Zweck

(15) Menge Bibel

(16) Elberfelder Bibel

(17) Menge Bibel

(18) Menge Bibel

(19) Züricher Bibel

(20) Züricher Bibel

(21) vergl. unterschiedliche Bibelübersetzungen, siehe auch: Der Verkehr mit der Geisterwelt Gottes, seine Gesetze und sein Zweck

(22) Züricher Bibel

(23) Schlachter 2000

(24) von einem länger zurückliegenden Zeitpunkt an gerechnet bis zum Bezugszeitpunkt hin dauernd, schon lange, seit langem, längst, schon längere Zeit. (Quelle: fwb-online.de) Englische Übersetzung: A long Time ago

(25) Menge Bibel

(26) Züricher Bibel

(27) Menge Bibel